Meio ambiente e sociedade

Marcelo Leite

Jornalista, doutor em Ciências Sociais pela Universidade Estadual de Campinas (Unicamp). Vencedor do Prêmio José Reis de Divulgação Científica de 2005.

Texto ficcional
Marcelo Leite

de olho na ciência

Meio ambiente e sociedade
© Marcelo Leite, 2005

Diretor editorial	Fernando Paixão
Coordenação da edição	Angélica Pizzutto Pozzani
	Leonardo Chianca
	(Edições Jogo de Amarelinha)
Preparadora	Rita Narciso Kawamata
Consultoria	Cecília Condeixa
Coordenadora de revisão	Ivany Picasso Batista
Revisoras	Ana Cristina Garcia
	Ana Luiza Couto
	Rita Costa
Arte	
Projeto gráfico	Eduardo Rodrigues
Edição	Cintia Maria da Silva
Assistente	Eduardo Rodrigues
Diagramação	Divina Rocha Corte
Pesquisa iconográfica	Sílvio Kligin (coord.)
	Angelita Cardoso
Ilustrações	Robson Araújo
	Attílio
Imagem de capa	© E. Dygas/Taxi

CIP-BRASIL. CATALOGAÇÃO NA FONTE
SINDICATO NACIONAL DOS EDITORES DE LIVROS, RJ

L554m

Leite, Marcelo, 1957-
    Meio ambiente e sociedade / Marcelo Leite ; texto ficcional Marcelo Leite. - 1. ed. - São Paulo : Ática, 2005.
    48p. : il. - (De olho na ciência)

    ISBN 978-85-08-09977-1

    1. Meio ambiente. 2. Meio ambiente - Aspectos sociais.
3. Ciências (Ensino fundamental). I. Título. II. Série.

05-3645.   CDD 304.2
                                      CDU 504.03

ISBN 978 85 08 09977-1 (aluno)
ISBN 978 85 08 09978-8 (professor)

2017
1ª edição
12ª impressão
Impressão e acabamento: **BOOKLY**

Todos os direitos reservados pela Editora Ática, 2005
Av. Otaviano Alves de Lima, 4400 – CEP 02909-900 – São Paulo, SP
Atendimento ao cliente: 4003-3061 – atendimento@atica.com.br
www.atica.com.br

IMPORTANTE: Ao comprar um livro, você remunera e reconhece o trabalho do autor e de muitos outros profissionais envolvidos na produção editorial e na comercialização das obras: editores, revisores, diagramadores, ilustradores, gráficos, divulgadores, distribuidores, livreiros, entre outros. Ajude-nos a combater a cópia ilegal! Ela gera desemprego, prejudica a difusão da cultura e encarece os livros que você compra.

Sumário

FICÇÃO – Tempestade em Mirante do Mar 4

1. O que é meio ambiente 9

2. Energia, a fonte de tudo 15

3. A importância dos ecossistemas 23

4. Por que o meio ambiente se tornou um *problema* . . . 30

5. O que se pode fazer pelo meio ambiente 38

6. O meio ambiente é responsabilidade de todos 45

FICÇÃO (cont.) – 47

Apresentação

Hoje em dia é muito difícil encontrar alguém que não defenda o meio ambiente, especialmente entre jovens. Todo mundo é a favor das áreas verdes, da reciclagem de lixo e das espécies ameaçadas, como o mico-leão-dourado. Mas será que isso basta?

Aparentemente, não. Esse aumento bem-vindo da consciência ambiental não foi ainda capaz de impedir a multiplicação de problemas que afetam a qualidade de vida de todos nós. Nas grandes cidades, sofremos com a poluição do ar e das águas, o trânsito, as enchentes e por aí vai; no campo, com a perda de solos, a contaminação de águas subterrâneas por agrotóxicos e as queimadas que empesteiam o ar; nas florestas, com o desmatamento e a extinção de espécies.

O principal objetivo deste livro é indicar alguns pontos em que todos nós podemos e devemos atuar para melhorar o mundo em que vivemos. A ação consciente e eficaz, no entanto, depende do conhecimento científico e histórico. Você vai ficar sabendo, por exemplo, por que a questão energética é tão importante para a ecologia, como estão os principais ecossistemas brasileiros, o que os países já fizeram para manter a saúde da Terra e qual a sua parte nisso tudo...

Afinal, não somos apenas nós, da espécie humana, que dependemos do ambiente global. O ambiente e seu futuro também dependem da gente.

Tempestade em Mirante do Mar

"Pedregulhos líquidos de gelo gentil."

Essa frase meio sem sentido sempre vinha à mente de Mônica quando a menina revia a cachoeira do Ibiapinha, logo que chegava a Ubatuba. Não lembrava mais como tinha aprendido essas cinco palavras, que jamais havia dito a ninguém. Talvez as tivesse ouvido do avô, ou então ela mesma houvesse inventado. Mas nunca falhava: assim que enfiava a cabeça sob o jato forte da cachoeira, como fazia naquela manhã de segunda-feira, seus pensamentos eram silenciados pelo estrondo, e ela só conseguia repetir, mentalmente:

"Pedregulhos líquidos de gelo gentil."

Mônica sempre entrava debaixo da cachoeira de costas, pois não conseguia suportar no rosto os pingos do tamanho de bolas de gude. Doía demais. O pescoço mal segurava a cabeça no lugar, tamanha a força da água. Tudo o que ouvia era um *trrrruu-trrrruu-trrrruu* contínuo, mas naquele dia ela começou a achar que escutava o seu próprio nome. Como podia ser, se estava completamente sozinha na cachoeira? Ninguém ia ali às segundas-feiras.

– Mônica! Mônicaaa!

A menina decidiu abandonar o jato poderoso e se atirou para a frente, em direção à piscina natural de pedras, para ver se não estava imaginando coisas. Pegou a camiseta que havia deixado sobre uma pedra, pôs os óculos e só então viu que não se tratava de alucinação: um garoto, do outro lado da piscina, gritava seu nome.

Demorou um pouco para reconhecê-lo. Era o Carlinhos! Fazia um ano que não o via; ele estava diferente. "Acho que é o cabelo: está mais comprido, parece mais claro... Será que o Carlinhos virou surfista?" – pensou Mônica consigo mesma.

— Ô, Carlinhos, que bom te ver! Entra na água, está uma delícia.

— Não estou a fim, não, Mônica. Vim dizer um oi, me falaram que você tinha chegado de São Paulo.

Carlinhos era seu companheiro de andanças pelo bairro desde que eram crianças. Filho de Mário e Cecília, da chácara vizinha à de seu avô, o menino não perdia a chance de escapar da obrigação de tomar conta dos irmãos, Zeca e Mirinho. Três e cinco anos mais novos que ele, só enchiam a sua paciência, mas a mãe contava com ele, o mais velho, para vigiar os dois pestinhas.

Brincar com Mônica sempre fora sua paixão, mas isso só acontecia algumas vezes por ano. O resto do tempo era aquela chatice de "irmãozinho pra cá, irmãozinho pra lá". Cecília, que era professora de biologia na escola do bairro, só deixava que ele se afastasse de casa quando Mônica estava em Ubatuba, porque gostava da menina e admirava a amizade entre os dois, uma coisa rara entre garotos e garotas daquela idade.

Mônica saiu da água. Estava usando um biquíni novo, rosa, que ganhara de aniversário de uma amiga da escola. Era meio pequenininho, mas achou um exagero quando Carlinhos abaixou os olhos. Por um instante, teve a impressão de que ele estava embaraçado, mas decidiu que era bobagem sua. Logo Carlinhos?! Com ele nunca houve aquelas coisas complicadas de menino e menina... Não ia começar justo agora...

— Cara, essa água está um gelo! – disse a garota, para puxar assunto. Já tinha se enxugado um pouco e vestido a camiseta.

— Só você pra entrar em cachoeira a essa hora da manhã – respondeu Carlinhos, que não perdia uma chance de provocar a amiga. – Mudando de assunto, você está sabendo da reunião de quinta, lá na escola? O doutor Abílio está uma fera com meu pai.

— Meu avô?

— Ele mesmo!

— Que reunião? O vô não me contou nada!

— Tipo um protesto contra o Mirante do Mar – disse Carlinhos.

Mônica ficou preocupada. Nunca tinha entendido muito bem por que o avô decidira transformar uma parte do terreno da chácara num loteamento, justo na área mais alta do morro do Urubu. Seus pais faziam piada, diziam que o loteamento se chamaria Jardim Urubu. O avô ficava bravo e nunca explicava por que, afinal das contas, cismara com aquela ideia, justo agora que estava com 70 anos.

— Protesto? Por quê? – perguntou a menina.

— Coisa lá da ONG do meu pai, a Associação Serra do Mar Viva. Pelo que entendi, o pessoal quer impedir seu avô de derrubar a mata para abrir o loteamento.

— Aposto que meu avô não vai derrubar nada. Êta gente ignorante! Ele adora aquele lugar – retrucou Mônica. – Esse pessoal não tem mais o que fazer, fica inventando coisa...

— Ei, devagar aí! É o meu pai! – Carlinhos ficou esquentado. – Eles estão defendendo a Mata Atlântica, sacou? Você já viu alguém fazer loteamento sem derrubar as árvores? É melhor se informar, antes de sair por aí falando mal dos outros.

Carlinhos virou as costas e foi embora, sem falar tchau. Mônica ficou parada, sem saber o que dizer nem pensar. Nem deu tempo de se desculpar. Será que o seu avô estava mesmo metido naquilo? Ela tinha ouvido falar, nas férias passadas, que Mário – pai de Carlinhos e ambientalista – tinha mesmo denunciado o avô à Polícia Florestal por causa de umas árvores no morro do Urubu. Mas achava que era briga à toa entre vizinhos e, como ninguém mais tocara no assunto, pensou que tudo estivesse superado. Agora precisava tirar a história a limpo.

★★★

— Vô, que conversa é essa de reunião na escola contra o loteamento? – foi logo perguntando Mônica quando chegou da cachoeira.

O avô estava tratando das helicônias do jardim. Largou o podão e se levantou. Mônica o conhecia o bastante para perceber que estava bravo.

— Quem foi que lhe falou disso, menina?

— O Carlinhos, lá na cachoeira.

— Pois de hoje em diante não quero saber de você andando com esse moleque pra lá e pra cá, está entendendo? A família dele não é flor que se cheire.

— Vô, eu sou amiga do Carlinhos desde que tenho, sei lá, uns três anos! Por que é que agora não posso andar com ele? Isso tem alguma coisa a ver com a reunião? – questionou Mônica.

— Menina, você não deve meter o nariz em assunto de adulto. É bom me obedecer e não se encontrar mais com filho nenhum daquele ambientalista de araque. Senão eu ponho você num ônibus de volta para São Paulo e para os seus pais!

O avô nunca tinha falado com Mônica daquele jeito. Ela sentiu as lágrimas enchendo os olhos e, antes que o avô percebesse, correu para o quarto. Saiu só para o jantar, que doutor Abílio servia todos os dias às sete e meia, mesmo quando o sol ainda estava alto por causa do horário de verão. Os dois comeram em silêncio, e Mônica voltou para o quarto sem ver TV com o avô, como fazia todos os dias nas férias de janeiro. Ficou lendo um dos antigos livros de aventura da biblioteca do avô, até dormir.

★★★

Quando Mônica acordou, às nove da manhã, seu avô já tinha saído. Deixara em banho-maria os ovos mexidos com queijo fresco que lhe fazia todas as manhãs, nas férias. A menina comeu meio sem vontade e saiu para a chácara de seu Antônio, que cuidava de Oiti, um presente que Mônica ganhou do avô quando completou dez anos. Os pais da garota, Maria Clara e Joaquim, haviam protestado, mas doutor Abílio não arredou pé, mantendo o presente. "Só cai do cavalo quem tem medo, e os Cachoeira não sabem o que é isso", dizia ele. Por causa de Oiti, Mônica era conhecida em Ubatuba como "a menina do cavalo".

O animal já estava selado quando chegou à baia. Mônica montou, com a ajuda do caiçara, e saiu pelas estradas de terra do bairro de Ibiapinha. Oiti era pouco mais que um pangaré, que no resto do ano seu Antônio usava só para ir à igreja do bairro vizinho, assistir ao culto diário. Mas Mônica tinha verdadeira paixão pelo cavalo, comparável somente à que sentia por Cookie, seu cachorrinho de São Paulo.

Não fazia dez minutos que andava a passo com Oiti quando Mônica encontrou Cecília, a mãe de Carlinhos, que caminhava pela estrada, provavelmente indo para a escola trabalhar. Mônica não simpatizava muito com Mário, marido da professora – um homem muito quieto e tenso –, mas gostava do jeito amigo de Cecília. Desde pequenina era bem recebida por ela na casa de Carlinhos, onde sempre comia uns bolinhos de chuva deliciosos.

Nunca ia se esquecer das historinhas que a professora inventava para explicar coisas da biologia às crianças de Ibiapinha. Como aquela da fotossíntese: as folhas das plantas eram feiticeiras que usavam a mágica da luz para transformar pedras em alimento.

Quando ouviu a história recontada por Mônica, doutor Abílio disse que era uma besteira. Mas sua neta já tinha verificado pessoalmente que todos os alunos de Cecília no bairro sabiam direitinho que as pedras eram na verdade o gás carbônico. Só que não havia mágica nenhuma na transformação, acrescentava Cecília, só um bom aproveitamento da energia contida na luz do sol.

– Como vai, Mônica? Nossa, como você cresceu! Deve estar um palmo mais alta que o Carlinhos. Por que você não passou ontem lá em casa para comer uns bolinhos?

– Oi, dona Cecília. Não deu pra ir, meu avô precisou de ajuda numas coisas da casa – respondeu a garota, sem descer do cavalo. Ela tinha achado melhor não falar da proibição determinada pelo avô.

– Olha, Mônica, o Carlinhos me falou da discussão de vocês sobre a reunião de depois de amanhã. Ninguém está querendo criar caso com o seu avô, não, que é ótima pessoa – disse Cecília, tranquilizando a menina. – Vê se você e o Carlinhos não vão estragar uma amizade de tantos anos por causa disso. Meu marido até tentou mostrar ao seu avô os estudos que a ONG dele encomendou sobre a abertura de ruas lá no morro do Urubu, mas não houve conversa. Doutor Abílio ainda está magoado com ele por causa daquela história velha da denúncia, e não deixou o Mário explicar que podem cair barreiras no Jardim Cachoeira, na encosta do morro.

– É, eu estou achando tudo isso muito esquisito. Vovô não quer falar comigo sobre esse assunto, mas eu tenho certeza de que ele não planeja fazer nada de errado. Como a senhora disse, ele é uma boa pessoa.

★★★

Já estava passando da hora do almoço quando Mônica chegou à casa do avô, depois de deixar Oiti com seu Antônio. Para sua surpresa, doutor Abílio não lhe deu bronca pelo atraso. Ele fazia questão de pontualidade. Mas, por alguma razão, dessa vez ele não reclamara. A neta aproveitou a trégua para voltar ao assunto da reunião:

– Vô, encontrei a mãe do Carlinhos na rua da escola. Não tive como deixar de falar com ela. Ela disse para eu não esquentar a cabeça com a reunião, porque não é nada contra o senhor. Os moradores do Jardim Cachoeira só querem ter certeza de que não vão cair barreiras sobre as casas deles. Por que o senhor não aparece lá e explica que não há perigo?

— Mônica, não dá para eu ir. Eles vão me destratar. Eu posso sentir isso nos olhares que me dirigem quando passo pela rua — respondeu doutor Abílio, e a neta pôde sentir a tristeza na sua voz. — É claro que não há perigo. Você acha que eu, um médico, ia pôr em risco a vida das pessoas, dos meus vizinhos de tantos anos?

— Mas vô, a Cecília costuma dizer que a mata funciona como uma esponja, segurando a água da chuva e soltando aos pouquinhos para os riachos. Se você mandar cortar as árvores lá do morro do Urubu, não vai formar enxurrada no Jardim Cachoeira?

— Veja bem, Mônica, eu não sou um irresponsável. Os engenheiros que projetaram o loteamento dizem que poucas árvores serão cortadas, e que não há risco para a encosta — falou o avô.

— É, só que o senhor falou a vida inteira que nunca ia mexer na mata dos Cachoeira, e agora vai fazer um loteamento nela. Por menos árvores que caiam, não será mais a nossa mata de antes. Para que tudo isso?

Doutor Abílio demorou alguns segundos para responder. Parecia estar pensando se devia dizer a verdade ou não. Quando enfim falou, foi com a voz pesada e lenta:

— Mônica, está na hora de você saber de algumas coisas. Embora ainda seja uma criança, não é mais nenhum bebê — começou o avô. Mônica já estava se arrependendo de ter iniciado aquela conversa.

— Acontece que eu estou precisando de dinheiro — admitiu Abílio. — Minha aposentadoria não dá mais para os gastos, e o dinheiro que eu juntei no banco está chegando ao fim.

Mônica nunca tinha imaginado que o avô pudesse ter problemas de dinheiro. Mesmo sem enriquecer, seu consultório médico estava sempre cheio em Ubatuba, conforme seu pai dissera.

— Eu acho que a minha mãe ganha no banco mais do que a gente precisa lá em casa, só nós três. Ela não poderia ajudar o senhor? — perguntou a garota. Foi a única coisa que lhe ocorreu.

— As coisas não funcionam assim, menina.

A conversa morreu ali. Mônica não sabia o que pensar nem dizer. Passou a tarde no quarto, lendo. Só parou para jantar com o avô, os dois novamente em silêncio.

Às nove da noite, começou a chover forte. Os trovões sacudiam os vidros das janelas. De novo recolhida a seu quarto, Mônica levou um susto, lá pelas dez ou dez e meia, quando acabou a luz. Ela, que já estava quase dormindo, perdeu inteiramente o sono. Esperou a energia voltar, quieta, por alguns minutos. De repente, escutou o celular do avô tocar, no quarto vizinho.

— Alô? Alô? Quem é? Fale mais alto, não estou conseguindo ouvir direito, com este barulho de chuva — ela ouviu doutor Abílio, aos berros, no aparelho. Passaram-se uns dois ou três minutos antes que ele voltasse a falar. — Está bem, Mário, vou imediatamente aí.

Na escuridão completa, Mônica ouviu os passos do avô e o barulho da porta abrindo. Ele tinha uma pequena vela acesa na mão e disse:

— Era Mário, o meu vizinho ambientalista. Ligou para pedir que eu vá à casa da sogra dele, no Jardim Cachoeira, para resolver um "problema sério".

— Mas o que pode ser a uma hora dessas, vô, com tanta chuva? — perguntou Mônica.

— A ligação estava ruim. Ele pediu que eu deixe de lado nossas diferenças para ajudá-lo numa emergência. Disse que eu sou o único médico que ele conseguiu encontrar.

— O senhor não devia ir até lá nessa tempestade. Espere melhorar um pouco — disse a menina. Um tremor começava a tomar conta de seu corpo.

— Não posso esperar, Mônica. Mesmo aposentado, continuo sendo um médico. E ele parecia muito aflito — justificou o avô. — A voz de Mário ia e vinha, enquanto ele falava alguma coisa sobre dona Márcia, mas eu não pude entender. Só consegui dizer que estava indo, e a ligação caiu. Tire esse pijama e venha comigo. Não dá para você ficar sozinha nesta escuridão de breu. Vou procurar uma lanterna e fico esperando no jipe.

★★★

Dona Márcia, a sogra de Mário, estava passando mal, com falta de ar. Um deslizamento de terra havia soterrado um telheiro no fundo de seu terreno, e os netos — Zeca e Mirinho, irmãos de Carlinhos — estavam sumidos desde antes de escurecer. A avó tivera uma queda de pressão e chegara a desmaiar, achando que os netos tinham sido soterrados quando brincavam no telheiro.

Abílio atendeu dona Márcia, enquanto Mário e Cecília tentavam fazer contato com a polícia e os bombeiros. Porém, o telefone sem fio de dona Márcia não funcionava quando faltava energia.

– Tome, use o meu celular enquanto eu cuido de sua sogra – disse Abílio a Mário, entrando no quarto de dona Márcia.

No meio da confusão e do escuro, Mônica viu Carlinhos na porta da cozinha. O menino tinha uma lanterna na mão e fez um sinal para ela sair até a varandinha da casa, enquanto ele dava a volta pelos fundos.

– Você acha que os meninos podem estar no esconderijo da fábrica? – perguntou Mônica.

– Era exatamente nisso que eu estava pensando – respondeu Carlinhos, pingando água de chuva. – Vamos lá procurar? Nesta confusão, ninguém vai dar pela nossa falta.

De repente, era como se fossem dois moleques aventureiros de novo. Saíram de fininho em direção ao barracão abandonado perto da cachoeira, uma antiga fábrica de bananada e esconderijo preferido da molecada da região. Carlinhos pegou a mão de Mônica e começou a correr.

– Vamos, não temos muito tempo antes de perceberem que saímos.

Na picada, que era o caminho mais curto para o barracão, margeando o riacho da cachoeira, Carlinhos escorregou e rolou para dentro d'água, perdendo a lanterna. Mônica tentou descer para ajudá-lo e também caiu na água gelada, em meio à escuridão.

– Carlinhos, você está aí?

– Aqui, Mônica. Meu tornozelo está doendo um monte, mas acho que não quebrou nada.

Tateando no escuro em direção à voz do amigo, Mônica encontrou a pedra à qual ele estava agarrado. A água batia acima da cintura e a correnteza era forte, de tanta chuva. Com muito esforço, a menina conseguiu subir na pedra. Estendeu a mão e encontrou a de Carlinhos, que segurou com força, ajudando-o a subir. A pedra mal dava para os dois, que tiveram de ficar encostados um no outro – o que não era de todo ruim, já que ambos estavam gelados.

– O que é que a gente vai fazer agora? – disse Mônica, tremendo de frio e de medo.

– Nada. Esperar. Tenho medo de descer daqui, com essa dor, e ser levado pela correnteza – respondeu Carlinhos.

Passado algum tempo, a chuva começou a amainar. Já não se ouviam mais trovões. Apesar do barulho do riacho, dava para escutar melhor os ruídos da mata.

– O que foi isso?! Carlinhos, você escutou esse barulho? Parece algum bicho.

– Esse "runf"? Não deve ser nada – respondeu o garoto.

Mas ele estava achando que era uma onça. Seu corpo estava paralisado de medo. Encostada nele, Mônica sentia a tensão do amigo. Começou a chorar baixinho, rezando para Carlinhos não perceber.

continua na pág. 47

1 O que é meio ambiente

"Civilização", "cidadania", "urbanidade": se você nunca parou para pensar nessas palavras abstratas, esta é uma boa hora. Todas elas têm em comum alguma raiz latina relacionada com a cidade, encarada por muitas gerações antes da nossa como o melhor lugar para se viver. Com muita razão, não é verdade?

Nas cidades estão os melhores empregos. Quanto maior a cidade, mais movimentada e rica costuma ser a sua vida cultural, com faculdades, livrarias, teatros, cinemas, escolas, restaurantes, parques e assim por diante. A oferta eficiente de transportes públicos permite que as pessoas se desloquem rapidamente de um local a outro, empregando melhor o seu tempo em atividades criativas, de lazer etc. Nada de andar a pé, numa canoa ou num lombo de burro, horas a fio, para ir à escola, à missa ou ao mercado. Nas cidades se ganha tempo para viver uma vida melhor.

Você, que vive numa grande cidade brasileira, seja ela São Paulo ou Manaus, Curitiba ou João Pessoa, a esta altura já deve estar se perguntando que cidade é essa de que estamos falando. E, mesmo que viva no campo, você certamente já viu pela televisão que cidade grande, no Brasil, é sinônimo de problemas graves: criminalidade, trânsito congestionado, poluição do ar, poluição sonora, pessoas neuróticas, estresse, enchentes, e por aí vai. Essa imagem é tão comum que muita gente só faz reclamar das cidades e falar, o tempo todo, sobre como seria bom poder morar fora delas, no campo, na praia ou na montanha. Perto da natureza, enfim.

São as contradições da vida moderna. Os homens empregam toda sua tecnologia e sua ciência para viver melhor, mas muitas vezes acabam enfrentando efeitos colaterais que chegam a pôr em dúvida a qualidade dessa vida que levamos no mundo de hoje. "Qualidade de vida", aliás, é uma expressão que está na moda, hoje, e tão cedo não vai sair.

Qualidade de vida e meio ambiente

Reparando bem, você vai perceber que a maioria dos problemas urbanos está relacionada com os *problemas ambientais* (com exceção para a falta de empregos e a criminalidade, que não cabe tratar aqui). Ou seja, são dificuldades que surgem quando a atividade humana produz efeitos danosos

Vale do Anhangabaú, no centro de São Paulo, uma das maiores cidades do mundo, que concentra empregos e oportunidades, mas também uma série de problemas urbanos.

Na região da Jureia, litoral sul do estado de São Paulo, a natureza preservada oferece um contraste forte com o ambiente conturbado das grandes cidades.

A favela Pavão-Pavãozinho, no Rio de Janeiro, é um bom exemplo de ambiente degradado, cada vez mais comum nas grandes cidades.

A vegetação, como a mata que cobre a maior parte da Amazônia, é um *componente* biótico importante do meio ambiente planetário.

A atmosfera terrestre, com o ar que respiramos e as chuvas e ventos do nosso clima, é uma parte importante do ambiente.

As cidades também fazem parte do ambiente, mas nelas ele é profundamente alterado pelos seres humanos, por isso se fala também em *fatores antrópicos* do meio.

sobre as condições naturais que nos cercam – sejam elas o ar que respiramos, a quantidade de luz ou de calor que recebemos, o ruído que atinge nossos ouvidos, os obstáculos que nos impedem de chegar rapidamente ao nosso destino ou a paisagem que nos oprime, em vez de maravilhar.

Não é nisso que a maioria das pessoas pensa, porém, quando ouve a expressão *meio ambiente*. O normal é lembrar-se de natureza, florestas, rios limpos, praias selvagens e um mar cheio de peixes. Não há nada de errado em pensar desse modo, pois o mundo permaneceu assim durante a maior parte do tempo desde que existe a espécie humana, coisa de 100 mil a 200 mil anos. A situação do ambiente só começou a mudar para valer recentemente, há pouco mais de 200 anos, com o desenvolvimento da indústria e o crescimento acelerado das cidades.

Meio ambiente é uma expressão que serve para falar dessas duas coisas, da natureza selvagem e do mundo urbano em que a maioria de nós vive. No sentido em que hoje é empregada, ela tem origem na linguagem da biologia, mais precisamente da disciplina da *ecologia* (que trata justamente das relações entre os seres vivos e seu meio). Em poucas palavras, *ambiente* quer dizer tudo o que nos cerca e nos permite viver: o solo sobre o qual andamos e onde praticamos a agricultura; a atmosfera, com o ar que respiramos e as chuvas e ventos do clima; as águas doces e salgadas; os bichos e as plantas que povoam os diferentes tipos de mata que há no mundo.

Se você reparar bem, essa lista pode ser dividida em duas partes. A primeira delas refere-se aos elementos do meio ambiente que não estão vivos, e que por essa razão são chamados de *componentes abióticos* (*bios* é a palavra grega para *vida*): solo, atmosfera, água, clima e assim por diante. A segunda reúne tudo o que está vivo, ou os chamados *componentes bióticos*: vegetais, animais (inclusive seres humanos) e microrganismos (como bactérias e fungos). Também se poderia falar da contribuição da espécie humana para a mudança do ambiente, os chamados *fatores antrópicos* (*anthropos*, do grego, quer dizer *homem*), pois a atividade industrial, a agricultura e a vida urbana afetam tanto os componentes abióticos quanto os bióticos.

Espécie, população e comunidade

O ponto central da noção de *meio ambiente* são os componentes bióticos, a parte viva do mundo que habitamos (também chamada de *biosfera*). Ela é formada por uma quantidade incrível de espécies de plantas, animais e microrganismos. Ninguém sabe ao certo quantas espécies existem no mundo, só que apenas 1,5 milhão delas já foram estudadas em detalhe pelos biólogos. Vários pesquisadores arriscaram fazer estimativas sobre quantas espécies existem ao todo na Terra, e os palpites variam entre 5 milhões e 100 milhões – considerando tanto organismos de grande porte quanto os microrganismos. Para se referir a essa grande variedade de espécies, é comum usar o termo *biodiversidade*.

O que é espécie

Espécie é o nome que os cientistas dão para cada grupo de seres vivos que apresentam semelhanças físicas e de comportamento e que são capazes de produzir descendentes férteis. Mulheres e homens, por exemplo, pertencem à espécie humana, animais cujo nome científico é *Homo sapiens*. O arroz que comemos, para dar um exemplo vegetal, faz parte da espécie *Oriza sativa*.
Cada espécie tem um nome duplo, em que o primeiro termo se escreve com inicial maiúscula e designa o gênero (uma espécie de sobrenome) e o segundo, com minúscula (o nome da espécie propriamente dita). Por convenção, nomes científicos são sempre escritos em *itálico*, <u>sublinhados</u> ou em **negrito**.
Um mesmo nome científico não pode ser usado para outra espécie, assim como uma espécie não pode ser designada por mais de um nome. É uma maneira de evitar confusão quando os biólogos trocam informações sobre suas pesquisas com os organismos.

Nem todos os indivíduos de uma espécie vivem na mesma área ou região. Grupos de animais podem viver separados por uma barreira física, como um rio ou um pedaço de floresta que foi desmatado, embora ainda sejam biologicamente capazes de cruzar e se reproduzir. Grupos de seres vivos da mesma espécie que vivem em áreas separadas são chamados de *populações*.

Por outro lado, cada área dessas abriga populações de diversas espécies, compondo o que os biólogos chamam de *comunidade*. Como compartilham o mesmo ambiente, essas populações de uma comunidade dependem dos mesmos fatores abióticos (água, ar, temperatura, luz, nutrientes) e bióticos (outros seres vivos) para sobreviver.

O tipo de comunidade que se instala e vive numa região depende muito das características dos componentes abióticos nela encontrados. Por exemplo, numa área em que as chuvas são raras, apenas plantas capazes de sobreviver semanas ou meses sem água conseguirão viver. Se a água de um rio for muito ácida e impedir o desenvolvimento de larvas de insetos, ali somente poderão viver peixes que se alimentam de outras coisas, como frutas.

A *biodiversidade* é composta por muitas espécies, que podem ser de animais, como o macaco mono-carvoeiro...

... ou como a taturana...

... e de vegetais, como a vitória-régia; dentre outros.

Mais exemplos da biodiversidade brasileira: o jacaré *Caiman crocodilus yacare*...

... e os cogumelos *Marasmius haematoce phalus*.

Ecossistema, hábitat e nicho ecológico

A combinação de componentes abióticos com um determinado tipo de comunidade constitui o que se chama de *ecossistema* (forma reduzida de *sistema ecológico*), como uma floresta tropical, um lago ou campos naturais. A biodiversidade (quantidade de espécies) encontrada em cada ecossistema depende muito dos componentes abióticos nele presentes e da sua variação ao longo do tempo. Uma mudança de clima, por exemplo, pode aumentar ou diminuir a biodiversidade de uma região, pois afeta a quantidade de água disponível e a temperatura.

Se o ambiente partilhado por uma comunidade é chamado de ecossistema, os lugares em que vivem os indivíduos de determinada espécie são conhecidos como *hábitat*. Suponha que determinada espécie de orquídea só seja encontrada no alto das árvores de uma floresta. Nesse caso, a copa das árvores é o seu hábitat, e não a floresta como um todo.

Por outro lado, esse mesmo local pode sustentar indivíduos de várias espécies, cada uma com sua maneira particular de interagir com os componentes bióticos e abióticos para sobreviver. Formigas que cortam folhas para cultivar fungos dentro do ninho e besouros que comem folhas mortas vivem, ambos, no chão da floresta, mas os biólogos se referem a seus estilos de vida dizendo que eles ocupam *nichos ecológicos* diferentes. Além disso, duas espécies de animais também podem ter estilos de vida semelhantes, como se alimentar de insetos mortos, e nesse caso diz-se que elas ocupam o mesmo nicho ecológico, ou seja, competem pelos mesmos recursos do ambiente.

Produtores, consumidores e cadeia alimentar

Você talvez já tenha se dado conta de que os vegetais representam uma classe especial de componente biótico, pois onde eles são escassos também não há muitos animais por perto. É que os vegetais são *produtores*, ou seja, seres vivos que têm a capacidade de fabricar o seu próprio alimento, empregando para isso a energia do Sol (você vai saber mais sobre energia no capítulo 2).

Os seres produtores servem de comida para os organismos que não produzem seu próprio alimento. São seres que se alimentam de vegetais para obter a energia de que precisam para viver, dos quais extraem várias substâncias nutrientes, como os açúcares. É o caso das lagartas e besouros que comem as plantas do jardim, ou dos peixes que se alimentam de algas, ou ainda das vacas e dos cavalos, que são loucos por capim. Os animais que se alimentam só de plantas são conhecidos como *herbívoros*.

Existem também animais que comem outros animais, ou seja, que ingerem a carne de outros bichos para obter os nutrientes de que precisam. São os ditos *carnívoros*. Herbívoros e carnívoros são agrupados na categoria dos *consumidores*, pelo fato de consumirem outros seres vivos para sustentar a própria vida. Esse conjunto de relações entre produtores e consumidores é chamado de *cadeia alimentar*, no sentido de uma corrente em que os vários elos estão unidos. Se a corrente se quebrar, ou seja, se faltar um elo, a cadeia se interrompe.

Da biosfera a Gaia

Agora que você já conhece um monte de noções básicas sobre o que compõe o conceito de ambiente, vamos falar um pouco do significado mais geral delas. Lá atrás falamos da *biosfera*, o conjunto de todos os seres vivos da Terra. Você consegue imaginar o que seja isso?

Pense na biosfera – toda a vegetação que existe na Terra, mais todos os animais e os microrganismos do solo, das águas e do ar – como se fosse uma pele fininha recobrindo completamente o "corpo" do planeta. Essa é a maneira mais ampla de conceber o que é o meio ambiente, e levou muito tempo para que essa maneira de encarar o mundo se espalhasse entre as pessoas.

Hoje todo mundo está acostumado a pensar na Terra como um globo azulado entremeado de nuvens, uma imagem que logo vem à mente quando o nome do planeta é pronunciado. Parece difícil de acreditar, atualmente, que meio século atrás essa era uma imagem que homem nenhum jamais havia visto. Afinal, ela só se tornou possível com as primeiras viagens espaciais tripuladas.

O primeiro ser humano a contemplar a Terra em sua inteireza foi Iúri Gagárin, o cosmonauta soviético que em 12 de abril de 1961 realizou, na nave Vostok-1, o primeiro voo orbital tripulado. Sua frase mais famosa descreve o que ninguém até então tinha visto: "A Terra é azul".

É uma imagem poderosa. Ela dá a qualquer pessoa a compreensão imediata de que os territórios que todos habitamos integram uma coisa só, um sistema chamado Terra. Ele é composto de terras (continentes), águas (oceanos, águas subterrâneas, lagos, rios, geleiras e nuvens), ar (atmosfera) e seres vivos (biosfera), todos em contato permanente uns com os outros. O que acontece num desses sistemas pode afetar todos os outros. A saúde de um depende da saúde de outro. Na sua versão mais exagerada, essa ideia ganhou corpo na metáfora da Terra como um ser vivo, Gaia.

Ovelhas são animais *herbívoros*, consumidores que se alimentam de vegetais (capim), que são organismos produtores.

O guepardo é um *carnívoro*, consumidor que se alimenta da carne de outros animais.

A superfície do planeta Terra, com seus oceanos e continentes, forma um ambiente global chamado de *biosfera*.

Hipótese Gaia

A imagem do planeta Terra como um sistema organizado de relações entre mundo físico e mundo vivo tornou-se popular com a chamada Hipótese Gaia. A ideia foi lançada nos anos 1970 pelo cientista britânico James Lovelock, que trabalhava num programa para detectar sinais de vida em outros planetas.

Lovelock deduziu que um planeta habitado deveria ter uma atmosfera muito diferente do que seria de esperar se não houvesse seres vivos. Por exemplo, a alta proporção de oxigênio na atmosfera terrestre, resultado da fotossíntese realizada por plantas e microrganismos. Essa noção, batizada com o nome da deusa grega da terra, Gaia, alastrou-se rapidamente, sugerindo para muita gente que o próprio planeta poderia ser visto como um ser vivo.

Representação de Gaia, deusa grega da terra. Na mitologia clássica, personificava a origem do mundo e era protetora da fecundidade.

Embora funcione bem como uma metáfora (comparação), a ideia de que a Terra esteja viva não é lá muito precisa. O planeta, obviamente, carece de algumas características fundamentais de um organismo, como a capacidade de reproduzir-se. Portanto, é apenas uma figura de linguagem dizer que a Terra corre o risco de "morrer".

Com as crises ambientais, podem desaparecer ecossistemas inteiros, é verdade, assim como milhares de espécies (a humana, inclusive). Mas a biosfera provavelmente só deixará de existir dentro de 5 bilhões de anos, quando o Sistema Solar inteiro se extinguir. Isso acontecerá por causa de uma expansão do Sol que virá antes de sua morte como estrela.

A Terra é um sistema todo interligado, em que nem mesmo os continentes estão isolados uns dos outros, pois há os oceanos e a atmosfera servindo de ponte entre eles. O mesmo pode-se dizer de países e territórios. Não foi só com a bela imagem da Terra como Gaia que a consciência dessas conexões se impôs entre os seres humanos, mas, sim, quando começaram a surgir problemas globais. Ou seja, quando foi ficando evidente para todos que poluição e contaminação não conhecem fronteiras. Mas isso é assunto só para o capítulo 4, pois, antes de falar do que pode dar errado no ambiente, é preciso entender melhor duas coisas fundamentais para sua saúde: a energia (capítulo 2) e os vários tipos de ecossistemas (capítulo 3).

Energia, a fonte de tudo

Quem nunca ouviu outra pessoa, talvez o pai ou a mãe, dizer que está sem energia para realizar uma tarefa ou enfrentar algum problema? Ao ouvir isso, você poderia até achar que é exagero de quem falou, pois seres humanos não são baterias elétricas, cuja energia se dissipa até acabar. Mas essa expressão guarda um fundo de verdade e o reconhecimento de uma realidade biológica fundamental: todos os seres vivos precisam de energia para viver e retiram essa energia dos alimentos. Com exceção, é claro, dos chamados produtores, aqueles organismos que fabricam seu próprio alimento, como vimos no capítulo anterior.

As plantas conseguem usar a energia do sol para realizar uma série de reações químicas entre substâncias que retiram do solo (pelas raízes) e do ar (pelas folhas). Essas reações movidas a luz solar servem para a produção de carboidratos, uma classe de alimento à qual pertencem os açúcares, como a glicose e a frutose, ou ainda a celulose (abundante na madeira). O conjunto dessas reações foi batizado de *fotossíntese*, a qual também é realizada por algas e alguns microrganismos, como certas bactérias.

A fotossíntese é o fenômeno bioquímico mais importante da Terra, do ponto de vista da vida. O nome, como você talvez já tenha percebido, quer dizer "síntese por meio da luz" (*foto* é outra palavra grega e significa luz, aparecendo por isso em vários termos, como *fotografia*). Há *síntese*, nesse caso, porque se trata de reunir substâncias mais simples numa mais complexa, o alimento, que armazena energia para consumo dos seres vivos (assim como uma pilha elétrica armazena energia para aparelhos eletrônicos).

A fotossíntese está na origem da principal fonte de alimento para todos os organismos *consumidores* do planeta. Quando o animal come uma planta, ou o corpo de outro organismo que se alimentou de um vegetal, obtém quase "de graça" a energia contida neles. Lembre-se de que nem todos os seres vivos são capazes de realizar a fotossíntese para obter seu próprio alimento.

Outra maneira de entender a fotossíntese é imaginá-la como uma espécie de respiração ao contrário. Explicando simplificadamente: na fotossíntese as plantas usam uma substância do ar chamada gás carbônico, formada por carbono e oxigênio. Os vegetais retiram o carbono do gás carbônico para produzir

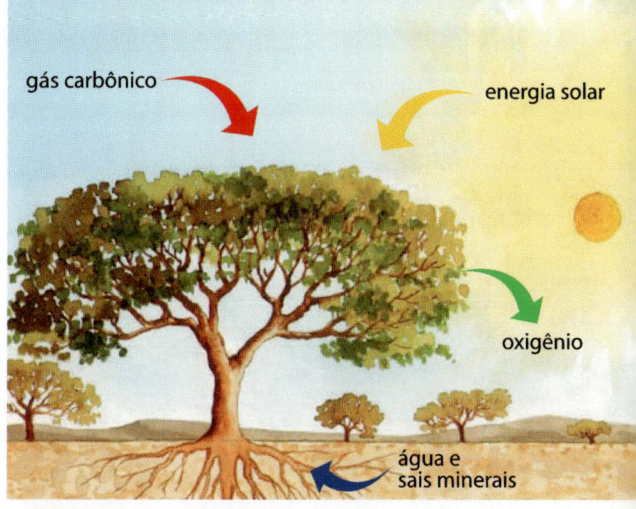

O esquema mostra as matérias-primas da fotossíntese.

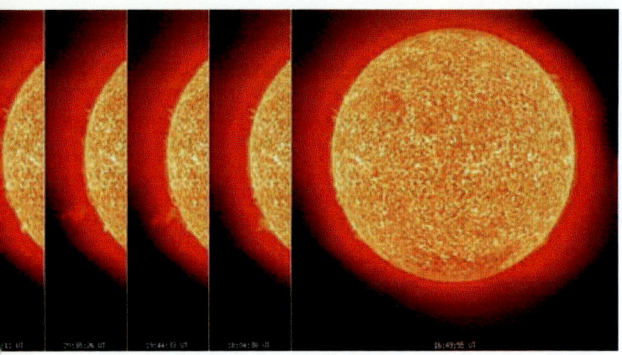

A luz do sol está na base da cadeia alimentar da biosfera, pois fornece a energia para a realização da fotossíntese...

... que mantém vivas as florestas da Terra.

A Terra tem a temperatura certa para a água ficar líquida, o que é essencial para a vida; só uma pequena parte da água está na forma de gelo.

açúcares (carboidratos), com ajuda da água – que a planta retira principalmente do solo –, e devolvem para a atmosfera parte do oxigênio liberado no processo.

Durante a respiração, o oxigênio é retirado do ar e participa de reações químicas que quebram os carboidratos para liberar a energia guardada neles. Nesse processo, a respiração produz gás carbônico, que é devolvido para a atmosfera.

Sem a energia do Sol, portanto, não existiriam a fotossíntese nem a cadeia alimentar como a conhecemos hoje, baseada principalmente nessa fabricação de alimentos pelas plantas e por outros organismos produtores. Mas existem também outras formas de obter e usar energia para produzir alimentos, independentemente da presença de luz. Essas outras formas são usadas por microrganismos que vivem em locais onde a luz não chega, como no fundo dos oceanos ou no interior de rochas.

Atualmente, na superfície da Terra, onde reina a fotossíntese, essas outras formas podem ser consideradas exceções. Mas alguns biólogos acham que nem sempre foi assim: eles dizem que quando surgiu a vida no nosso planeta, há mais de 3 bilhões de anos, os primeiros organismos ainda não faziam fotossíntese.

Luz e água, as fontes da vida

De qualquer modo, a vida, como ela é hoje, não existiria sem a luz do Sol. E não é assim só por causa da fotossíntese, mas também porque a energia que chega da nossa estrela participa de outros processos fundamentais para a vida. Sem ela, não haveria, por exemplo, água líquida sobre a Terra.

A água em estado líquido é considerada essencial para o funcionamento das células que compõem vegetais, animais e todos os microrganismos. A água é tão importante para manter a vida que, para saber se outros planetas podem ser habitados por seres vivos, os pesquisadores procuram justamente por ela. É o que estão fazendo várias missões espaciais não tripuladas para Marte, com a ajuda de câmeras fotográficas especiais e radares.

Há muita água líquida na Terra porque boa parte do planeta tem a temperatura certa para isso. Somente uma pequena parcela da água está na forma de gelo, em áreas onde faz muito frio (no cume de montanhas muito altas e nas regiões próximas aos polos Sul e Norte), e na forma de nuvens. Se estivesse um pouquinho mais perto do Sol, a Terra seria quente demais e toda a água líquida já teria evaporado, como acontece com a água de uma panela, após algum tempo, quando se acende o fogo sob ela. Um pouco mais longe, a Terra seria fria demais, um planeta em que toda a água estaria na forma de gelo, como no congelador de sua geladeira.

Além da distância do Sol, outro fator é muito importante para manter a Terra na temperatura certa: o *efeito estufa*. Antes da explicação desse fenômeno climático, é bom você saber que estufas são aquelas casas de vidro ou cobertas de plástico translúcido dentro das quais se cultivam plantas ornamentais. É uma imagem muito boa para explicar o que acontece na atmosfera da Terra.

Muito antes de a espécie humana aparecer sobre o planeta, sua atmosfera já era quente o bastante para ter água líquida, e isso graças à presença de gás carbônico. O gás carbônico tem uma propriedade curiosa, semelhante à dos vidros das estufas: ele é transparente para a luz do Sol, mas não para o calor que ela produz quando incide sobre a superfície da Terra. Assim como o ar dentro de uma estufa de plantas, a atmosfera da Terra se aquece porque o calor deixado pela energia solar não consegue escapar de volta para o espaço.

Numa estufa de plantas, os painéis de vidro ou de plástico impedem a perda de calor, e o ambiente se aquece.

Hoje em dia se fala muito de efeito estufa porque esse fenômeno natural está sendo agravado por algumas ações da espécie humana, e isso tem relação com o uso que fazemos da energia. Homens e mulheres são animais muito diferentes de todos os outros, e uma diferença importante é que eles não usam energia só para manter os seus corpos funcionando. Muito antes de haver cidades, os seres humanos já usavam energia extra para se aquecer, com fogueiras, ou para cozinhar ou assar alimentos. Em poucas palavras, para levar uma vida melhor.

Madeira, carvão mineral, gás natural e petróleo

A madeira que alimentava as fogueiras foi a primeira forma de *combustível* empregada pela espécie humana. Combustível é o nome que se dá a qualquer material que tenha energia para ser utilizada. Nesse sentido, alimentos também são uma forma de combustível, o combustível da vida. Além da madeira, a humanidade também consumiu muito carvão mineral, e depois petróleo e gás natural, para melhorar sua qualidade de vida. Mas você sabia que esses três combustíveis também têm origem na luz do Sol?

A madeira foi uma das primeiras fontes de energia usadas pelo homem e segue assim até hoje (fornos para produção de carvão de madeira).

Vamos começar pela madeira: quando as árvores fazem fotossíntese, elas empregam a energia solar (luz) para fabricar substâncias nutritivas, como os carboidratos. Uma parte dessa energia "emprestada" do Sol é usada para produzir celulose, um dos principais componentes do tronco das árvores.

Quando queimamos troncos e galhos, libertamos a maior parte dessa energia aprisionada nas substâncias presentes na madeira. Usamos então o calor produzido para fazer coisas importantes para nós, como esquentar nossas casas, ferver a

Assim como a madeira e o carvão, o petróleo extraído do subsolo também guarda uma energia "fóssil", fruto da fotossíntese realizada muito tempo antes.

água da sopa ou produzir vapor para movimentar locomotivas. Só que a gente nunca para para pensar que essa energia da madeira tem sua origem na luz do Sol, capturada muito antes, durante a fotossíntese feita por uma planta que já morreu.

Algo semelhante acontece com o carvão, com o gás natural e com o petróleo. Embora todos sejam extraídos do fundo da Terra como minerais, sua origem é orgânica. Noutras palavras, eles foram formados a partir de organismos. Depois de mortos, os corpos desses organismos se acumularam numa determinada área. Quando vivos, porém, todos eles eram produtores ou se alimentavam de organismos produtores, que, por sua vez, usavam a luz do Sol na fotossíntese.

Depois de milhões de anos e de passar por muitas transformações, a matéria orgânica acumulada pode acabar virando carvão, gás ou petróleo. Todos eles queimam muito bem, melhor ainda que a madeira. Isso ocorre porque contêm muita *energia química*, ou seja, energia guardada nas substâncias que os compõem. No fundo, também são uma forma de energia solar armazenada, como no caso da madeira, só que há muito mais tempo.

Como são formados a partir de matéria orgânica morta, carvão, gás natural e petróleo são chamados de *combustíveis fósseis*. O nome foi inspirado naquelas rochas que contêm ves-

O petróleo vai acabar?

A Terra contém depósitos gigantescos desses combustíveis fósseis, como carvão e petróleo, que se formaram ao longo de dezenas ou centenas de milhões de anos. Mas esses depósitos não são infinitos. O carvão, que já foi tão importante para a humanidade quanto é hoje o petróleo, está acabando.

Na Europa, por exemplo, muitas minas de carvão já foram fechadas, e os mineiros ficaram desempregados. Mesmo que sobre um pouco de carvão no subsolo, a quantidade é tão pequena, ou tão difícil de extrair, que a exploração da mina acaba sendo mais custosa do que o produto em dinheiro da venda do carvão.

O mesmo vai acontecer com o petróleo, mais dia, menos dia. As reservas que podem ser exploradas aumentam durante certo tempo, com o desenvolvimento de novas técnicas de extração, como faz a Petrobras no assoalho marinho de águas profundas, mas o custo vai ficando cada vez mais alto. Por outro lado, como há cada vez mais gente no mundo precisando de petróleo, e menos petróleo para extrair, com mais dificuldade, seus preços tendem a aumentar.

tígios de animais e plantas mortos há milhões de anos e cujos corpos foram conservados parcialmente ou deixaram marcas na pedra. No caso de carvão, gás e petróleo, o que restou é a própria energia disponível para uso, milhões de anos depois.

O problema é que a queima de combustíveis fósseis, seja para produzir energia elétrica ou mover motores, representa um poderoso agravante do efeito estufa. Isso acontece porque, quando carvão e petróleo são consumidos para gerar energia, eles liberam gás carbônico, da mesma maneira que a respiração dos seres vivos. A diferença é que essa produção do gás estufa é várias vezes maior. Afinal, são mais de 6 bilhões de pessoas sobre a Terra que precisam se aquecer, cozinhar seus alimentos, usar transportes para chegar às escolas e ao trabalho, consumir energia elétrica nas suas casas e assim por diante. Todos os dias, dia após dia.

Quanto mais gás carbônico se acumula na atmosfera, mais quente ela pode se tornar. Os estudiosos do clima já chegaram à conclusão de que esse aquecimento contínuo pode trazer problemas graves para a humanidade no futuro, como secas severas em certas regiões. É a chamada *mudança climática global*, a maior preocupação com o efeito estufa, agravado pela atividade dos seres humanos.

Se prosseguir essa alta contínua dos preços do petróleo, é possível que vários campos de exploração sejam fechados antes de esgotados seus recursos, como ocorreu com o carvão. O petróleo propriamente dito não terá então acabado, no subsolo, mas a humanidade se verá obrigada a abandoná-lo como sua fonte principal de energia.

Trabalhadores poloneses de minas de carvão enfrentam policiais no centro de Varsóvia, em setembro de 2003. A violenta manifestação foi um protesto contra o fechamento de minas e cortes de empregos.

Usina hidrelétrica Cana Brava, em Minaçu (GO), exemplo de fonte de energia renovável, pois usa o fluxo contínuo de água dos rios para alimentar represas e mover turbinas geradoras de eletricidade.

Energias renováveis e não renováveis

O problema com a energia obtida de combustíveis fósseis (carvão mineral, gás natural e petróleo) é duplo, portanto. De um lado, eles agravam o efeito estufa. De outro, suas reservas são limitadas. Isso quer dizer que suas fontes não se renovam, ou se renovam em velocidade muitas vezes inferior à de consumo. Quando o recurso acaba, é preciso ir atrás de outra fonte.

Pense na diferença entre uma pedreira e um rio. A quantidade de rocha contida numa pedreira é finita. Alguém pode explorá-la por anos a fio, extraindo pedra britada para construir casas e estradas, mas um dia a pedra acaba. Já a água de um rio perene nunca termina, se não ocorrer uma catástrofe. Havendo chuva nas suas cabeceiras, ele vai continuar a correr.

Agora pense na energia elétrica usada nas casas e fábricas, que pode vir de *fontes renováveis*, como os rios, ou *não renováveis*, como petróleo, gás natural e carvão. No Brasil, a maior parte da energia elétrica consumida é produzida em usinas hidrelétricas, aquelas com turbinas geradoras movimentadas pela água de rios, que estão continuamente enchendo as represas. Se o consumo não for maior do que a capacidade de manter as represas cheias, pode-se dizer que as hidrelétricas são uma fonte inesgotável de energia.

Bem diferente é a situação de usinas termelétricas, que usam carvão, óleo ou gás para movimentar as turbinas. Esses combustíveis fósseis, uma vez queimados, nunca mais serão renovados. É verdade que ainda há muito petróleo e gás no subsolo da Terra, mas também é verdade que um dia eles vão terminar, como já vimos.

Problemas com a energia nuclear

Na metade do século XX, a humanidade conseguiu controlar uma forma de energia extremamente poderosa, aquela contida no núcleo dos átomos. Sua primeira utilização foi militar, na forma de bombas atômicas. Chamada de energia atômica ou nuclear, ela se torna disponível para uso quando o núcleo atômico é rompido, em quantidade muito maior do que aquela liberada na queima de combustíveis fósseis. Toda essa energia pode também ser transformada em calor para produzir o vapor que movimenta turbinas, gerando eletricidade.

Naquela época, muita gente acreditou que se tratava de uma maneira quase perfeita de produzir energia, pois permite a produção de muita eletricidade com pouco combustível. O combustível, no caso, é o urânio, um minério radioativo. Elementos como o urânio têm átomos com núcleos relativamente

Usinas atômicas Angra-I e Angra-II, que usam energia liberada de núcleos de átomos de urânio para produzir vapor e movimentar turbinas.

mais fáceis de quebrar. O problema é que a radiação (energia) que emitem pode fazer mal à saúde, provocando doenças como o câncer.

Hoje em dia vários países que empregavam muita energia nuclear para produzir eletricidade, como a Alemanha, estão reduzindo seu uso. Isso aconteceu porque os moradores desses países começaram a ficar muito preocupados com essa radiação perigosa, que pode escapar das usinas atômicas em caso de acidente. Foi o que aconteceu em Chernobyl, uma usina na Ucrânia, em 1986. Nesse acidente morreram milhares de pessoas.

Além disso, o combustível nuclear que não pode mais ser usado e as peças da usina que ficaram perto dele se mantêm radioativos por muito tempo, até milhares de anos. Precisam, por isso, ser mantidos longe das pessoas, para que não ofereçam riscos à saúde da população. E não é simples dar um fim a esse material radioativo de maneira segura. Esse é o problema do chamado *lixo nuclear*, outra razão apresentada pelos inimigos da energia atômica para abandonar de vez essa forma de energia, que também não é renovável.

O Brasil tem apenas duas usinas nucleares, ambas funcionando em Angra dos Reis, no litoral do estado do Rio de Janeiro. Durante anos se discutiu se uma terceira usina deveria ser construída no mesmo local. Como os equipamentos já tinham sido comprados, muita gente achava que sim, que a usina deveria ser construída. Outros argumentavam que seria preciso ainda gastar muito dinheiro na construção, e que o país tinha grande potencial para gerar energia de maneiras menos problemáticas.

Protesto organizado pelo Greenpace no 3º Fórum Social Mundial, que ocorreu no Brasil em 2003, contra a utilização de energia nuclear no país.

Fontes alternativas de energia

É por essas razões que se faz tanta pesquisa com *fontes alternativas* de energia, como a que pode ser obtida da luz solar, dos ventos (eólica) ou da biomassa (como o bagaço de cana, que pode ser queimado para produzir eletricidade, e se renova a cada colheita). Elas são ainda melhores que as grandes usinas hidrelétricas, porque estas, ainda que sejam renováveis, causam vários outros tipos de problema, como a inundação de florestas e a expulsão de pessoas de suas terras e casas, na hora de encher as represas.

Assim, para que uma forma de energia seja considerada alternativa, não basta que seja renovável, pois ela pode causar outros tipos de problema. Tampouco basta ser eficiente, como a energia nuclear, se houver questões não resolvidas de

Painéis solares montados no telhado coletam energia para uso doméstico, como aquecimento de água.

Turbinas de vento em Fortaleza (CE) usam energia eólica para produzir eletricidade.

Reator de fusão nuclear na Universidade de Princeton, em Nova Jersey (EUA), onde se testa a possibilidade de usar essa energia para produzir eletricidade.

segurança. Como nada é simples neste mundo, a busca por formas alternativas de energia também não tem solução fácil.

As fontes alternativas conhecidas ainda apresentam um grande problema: produzem uma energia muito cara, em comparação com as fontes não renováveis (combustíveis fósseis e energia nuclear), e por isso ainda são pouco comuns. E nem todas as nações têm o privilégio do Brasil, que conta com um grande potencial para usinas hidrelétricas e outras fontes renováveis, como a biomassa.

As duas principais alternativas que existem são a força dos ventos e, mais uma vez, a luz do Sol. No primeiro caso, se uma região apresentar ventos fortes e constantes, sua energia pode ser capturada com auxílio de enormes cata-ventos. Essas turbinas nada mais são do que grandes moinhos de vento, adaptados para produzir energia elétrica. E, se você concluir que enfim encontrou uma energia que nada tem que ver com o Sol, está enganado: os ventos são produzidos pelo deslocamento de massas de ar com temperaturas diferentes, e esse calor também tem sua origem na radiação do Sol.

No segundo caso, a luz solar é explorada diretamente para obter energia, mas não como fazem as plantas (fotossíntese). São duas as maneiras de aproveitá-la inventadas pela humanidade: painéis e coletores térmicos, de um lado, e painéis fotovoltaicos, de outro. Os primeiros coletam o calor do Sol para aquecer coisas, que podem ser a água da piscina ou do chuveiro e até mesmo a comida, nos chamados fogões solares.

Já os painéis fotovoltaicos são um pouco mais sofisticados. Eles são compostos por placas de um material chamado silício, que têm a capacidade de converter energia na forma de luz em energia na forma de eletricidade. Esse é o tipo de painel usado para obter eletricidade em satélites de comunicação, por exemplo.

Em países da Europa são cada vez mais comuns fazendas eólicas, cheias de turbinas de vento. O emprego dessa fonte alternativa no mundo cresce muito rapidamente, à velocidade de 30% ao ano. A indústria das células fotovoltaicas também cresce rápido, no ritmo de 25% anuais. Mas as duas ainda estão muito longe de se tornarem tão importantes, para a humanidade, quanto os combustíveis fósseis.

Rigorosamente falando, nem mesmo a energia solar é inesgotável, porque um dia o próprio Sol vai se apagar. Afinal, ele também usa uma forma de combustível, a fusão nuclear. Quando núcleos atômicos se fundem, produzem ainda mais energia que a fissão nuclear, e sem os problemas da radioatividade. Os seres humanos ainda não conseguiram controlar essa forma maravilhosa de energia, que seria o equivalente a construir "minissóis" para uso particular. Mas há muitas pesquisas em andamento.

Quanto ao Sol, continuamos inteiramente dependentes dele, seja porque a fotossíntese ainda é a fonte primordial de todos os nossos alimentos, seja porque as principais formas de energia que usamos, com exceção da nuclear, têm origem nele. Mas não é preciso se preocupar: ele ainda vai continuar aceso por alguns bilhões de anos.

3 A importância dos ecossistemas

Nas duas últimas décadas do século XX, um tema começou a ganhar destaque entre as preocupações das pessoas com o futuro: a destruição de florestas. Sobretudo a destruição de florestas tropicais, aquelas localizadas na faixa central do globo terrestre, entre os trópicos de Câncer e de Capricórnio. Nessas grandes extensões de mata se encontra a maior parte das espécies de plantas e animais da Terra.

Durante muito tempo isso não era visto como um problema pela maior parte das pessoas. "Mato" era sinônimo de atraso, coisa ruim, algo que ficava no caminho do progresso. Essa visão foi mudando com o tempo, pois cada vez mais pessoas começaram a se perguntar se o progresso justificava tanta destruição. Ou, então, se não haveria um jeito de usar partes da mata e preservar outras, de modo a não extinguir espécies.

As florestas de regiões temperadas, que ficam nas áreas do planeta onde o desenvolvimento econômico e populacional aconteceu primeiro, foram também as primeiras a serem devastadas. Com esses ecossistemas destruídos desapareceram muitas espécies de animais e vegetais que só existiam ali. Nos últimos anos elas sofreram alguma recuperação, mas não podem concorrer com as matas dos trópicos.

Macacos mono-carvoeiros, também chamados de muriquis, que vivem na Mata Atlântica, mas estão ameaçados de extinção. O Brasil tem dezenas de espécies de primatas, mais do que qualquer outro país.

Área de igarapé em trecho do rio Negro, na Floresta Amazônica, que cobre mais metade do território nacional e tem uma das maiores biodiversidades do planeta.

A biodiversidade tropical

As florestas tropicais têm proporcionalmente muito mais espécies que as temperadas. Por isso se costuma dizer que matas como a da Amazônia são muito mais diversas, ou diversificadas, do ponto de vista biológico. Numa palavra, sua *biodiversidade* é muito maior.

Floresta alagada da Amazônia, que se tornou símbolo da necessidade de preservar o meio ambiente natural da Terra.

Isso significa que seria possível encontrar muito mais tipos de árvores e bichos num quilômetro quadrado de mata tropical do que num quilômetro quadrado de floresta temperada. Quem já visitou ou viu fotos e documentários de florestas europeias sabe como elas são monótonas, muitas vezes um monte de pinheiros parecidos uns com os outros.

Num único hectare de Floresta Amazônica ou de Mata Atlântica podem ser identificadas mais espécies de árvores do que numa floresta temperada inteira. O recorde de biodiversidade foi batido por um trecho de Mata Atlântica na Bahia, em que se identificaram mais de 400 espécies arbóreas por hectare (o equivalente a 10.000 m^2).

Várias dessas espécies que ocorrem nas florestas tropicais são chamadas de *endêmicas*. Esse nome é empregado para dizer que elas só estão presentes numa área restrita. Por exemplo, o mico-leão-dourado (*Leontopithecus rosalia*), que habitava uma larga faixa litorânea onde hoje é o estado do Rio de Janeiro, e agora só é encontrado em pequenos trechos remanescentes de Mata Atlântica. Se esses pedaços sobreviventes de floresta forem devastados, os micos desaparecerão com ela.

Bichos como o mico-leão exercem um fascínio enorme sobre as pessoas, assim como chimpanzés, araras, águias e tantos outros. Eles funcionam como símbolos da natureza em que vivem. Quando a destruição de uma floresta ou de outro hábitat pode levar à extinção de uma dessas espécies, muita gente se sente mal, incomodada. Às vezes é a própria floresta que assume esse papel de símbolo, como aconteceu com a Amazônia, principalmente por causa de seu tamanho gigantesco.

Serviços gratuitos do ambiente, às vezes desperdiçados

Terrenos sem a proteção da cobertura florestal estão mais sujeitos à erosão, como nessa área em processo de desertificação no estado do Rio Grande do Sul.

A biodiversidade não é o único valor da floresta, ou de qualquer ecossistema, para justificar sua proteção. Além de abrigar espécies únicas, as matas também funcionam como uma esponja, retendo a água que cai com a chuva e soltando-a devagarinho. Isso regula a vazão dos rios, que correm o ano inteiro e garantem o suprimento de água para abastecer animais e seres humanos e para movimentar turbinas de usinas hidrelétricas. Por essa razão se diz que matas e outros ecossistemas podem ser importantes *reguladores hidrológicos*.

Além disso, a cobertura vegetal age como um tapete sobre o terreno, impedindo que a água das enxurradas retire a parte superior do solo, onde está a terra mais fértil. Sem esse tapete de plantas, o solo superficial é levado pelas águas, processo conhecido como *erosão*.

A terra boa vai parar nos rios, onde se acumula e torna as correntes mais rasas e mais sujeitas a enchentes (é o processo que se chama de *assoreamento* dos rios). Caso a cobertura vegetal tenha sido retirada para a prática da agricultura, a falta dessa camada de solo fértil também vai prejudicar a sua produtividade, ou encarecer a plantação. Como a terra empobrecida não tem todos os nutrientes de que as plantas precisam, os agricultores gastam mais dinheiro comprando fertilizantes.

Ecossistemas e hábitats diversos e saudáveis também garantem a sobrevivência de uma grande variedade de insetos. Bichos como abelhas, besouros e vespas são muito importantes para a reprodução das plantas, pois levam de uma flor para outra o pólen, que fertiliza os óvulos e permite a formação de sementes e frutos. Quando o seu hábitat desaparece, eles deixam de realizar esse serviço de *polinização*, que é muito importante para a agricultura.

Outro serviço importante realizado pelos ecossistemas naturais é o *armazenamento de carbono*. Como vimos no capítulo anterior, a vegetação retira gás carbônico da atmosfera e, quando cresce, retém esse carbono em seu próprio corpo, na forma de *biomassa* (raízes, folhas, madeira). Se for destruída, a maior parte de sua biomassa retorna para a forma de carbono atmosférico, depois de queimada ou apodrecida. Isso, como já foi visto, agrava o efeito estufa e contribui para o aquecimento global (a temida mudança climática).

Floresta amazônica produz sua própria chuva

O estudo sistemático da Amazônia, onde se encontra a maior floresta tropical do mundo, revelou um fato impressionante sobre essa forma densa de vegetação: ela produz a maior parte da chuva que cai na região. De certo modo, é como se a floresta criasse e mantivesse o seu próprio clima.

Pegue um mapa para visualizar melhor como funciona essa gigantesca máquina natural de reciclar água. A parte leste da Amazônia está voltada para o oceano Atlântico e recebe ventos que sopram do leste para o oeste. Como são formados sobre o mar, esses ventos trazem massas de ar carregadas de umidade, água que se evapora do oceano.

Ao passar por cima das primeiras faixas de floresta, por exemplo, sobre o estado do Pará, essa umidade se condensa e cai na forma de chuva. Mas nem toda essa água vai parar nos rios. Boa parte dela fica retida na própria vegetação e depois é devolvida para a atmosfera, por evaporação ou por transpiração das plantas. Formam-se então novas nuvens de chuva, que vão causar precipitação um pouco mais adiante, no sentido oeste, mais para o lado do estado do Amazonas.

Em lugar de escorrer toda de volta para o oceano Atlântico, onde terminam todos os rios da bacia amazônica no Brasil, boa parte da água fica passando da atmosfera para a floresta e da floresta para a atmosfera. Os cientistas calculam que mais da metade das chuvas que caem sobre a floresta amazônica é produzida nesse vaivém.

Os grandes biomas brasileiros

Agora que você já tem uma ideia sobre a importância dos ecossistemas em geral, vamos examinar mais de perto os principais ecossistemas e biomas (conjuntos de ecossistemas) do país. São cinco, ao todo: Floresta Amazônica, Mata Atlântica, Cerrado, Pantanal e Caatinga.[1]

Floresta Amazônica

Vista aérea do rio Purus, na região de Manoel Urbano (AC), mostra área preservada da Floresta Amazônica.

Ocupa mais de 4 milhões de quilômetros quadrados, cerca de metade do território brasileiro, espalhados por nove estados (Amazonas, Pará, Roraima, Rondônia, Acre, Amapá, Maranhão, Tocantins e Mato Grosso). É a grande responsável pelo fato de o Brasil ser considerado um campeão da biodiversidade, encabeçando – ao lado da Indonésia – a lista dos países com *megadiversidade*, como dizem os biólogos.

Não é à toa: estima-se que a maior floresta tropical do mundo abrigue 2,5 mil espécies de árvores e cerca de um terço de todas as espécies de plantas da América do Sul. Algumas de suas árvores alcançam 50 metros de altura, o equivalente a um prédio de 17 andares. Mas ninguém sabe ao certo quantas espécies vegetais e animais ela abriga, provavelmente milhões.

Em sua maior parte, a floresta está preservada. Cerca de 84% das matas estão ainda de pé, mas nas duas últimas décadas ela vem sendo destruída no ritmo de mais de 20 mil km², ou o equivalente a um estado de Sergipe por ano.

Mata Atlântica

É a outra grande floresta tropical do Brasil, um pouco menos densa do que a amazônica, mas também detentora de uma grande biodiversidade. Quando os portugueses aqui chegaram, em 1500, ela se estendia por cerca de 1,3 milhão de km², o equivalente a 15% do que hoje é o território brasileiro. São 17 os estados em que ela está presente, a maioria no litoral, do Rio Grande do Sul ao Rio Grande do Norte.

Hoje restam apenas 7% da Mata Atlântica original. Ela foi dizimada ao longo de cinco séculos, primeiro com a exploração do pau-brasil, depois cedendo lugar para a cana-de-açúcar, o café e assim por diante. Na região anteriormente ocupada por ela também se encontram as maiores cidades brasileiras, que hoje dependem dos remanescentes da mata para garantir seus mananciais de água e abastecer a população.

Entre os sistemas com maior biodiversidade do mundo, a Mata Atlântica é também um dos mais ameaçados, porque

Área de Mata Atlântica, a floresta tropical mais ameaçada do Brasil.

[1] Boa parte das informações a seguir se encontra, em maior detalhe, no *Almanaque Brasil Socioambiental* (ISA, 2005).

dela restam somente algumas manchas isoladas. Por essa razão ela foi incluída numa relação de 39 *hotspots* da biodiversidade mundial (*hotspot*, em inglês, quer dizer "ponto quente", ou seja, uma zona de emergência). Nela vivem cerca de 2,1 mil espécies de animais vertebrados (800 delas encontradas só na Mata Atlântica), 1 mil de aves, 370 de anfíbios e 350 de peixes.

Cerrado

É o segundo maior bioma do Brasil, ocupando uma área de quase 2 milhões de km² em 12 estados, na região central do país. Ao lado da Mata Atlântica, é o segundo *hotspot* brasileiro, ou seja, área cuja biodiversidade está altamente ameaçada. Acredita-se que 20% do Cerrado original estejam preservados, mas apenas 5% da área original estão em áreas grandes o bastante para sustentar todas as espécies que compõem a biodiversidade.

Na classificação dos biólogos, o Cerrado constitui um tipo de savana. É uma vegetação mais aberta do que as florestas e cresce em áreas tropicais sujeitas a incêndios naturais, com duas estações bem definidas: uma seca (de abril a setembro) e outra chuvosa (de outubro a março). Muitas de suas espécies arbóreas são resistentes ao fogo. Alguns estudos chegam a apontar mais de 10 mil espécies de plantas nesse bioma, assim como mais de 837 espécies de aves e 161 de mamíferos.

A maior parte da destruição do Cerrado se deu depois de 1960. Nessa época foi construída a capital do país, Brasília, o que incentivou o processo de ocupação da região central do Brasil. Sua principal atividade econômica é a agricultura, que ocupa o lugar da savana. No Cerrado se produz hoje metade da soja plantada no Brasil, 20% do milho, 15% do arroz e 11% do feijão. Entre os principais problemas da região estão a erosão e o assoreamento de rios.

Cerrado, o segundo maior bioma brasileiro e também um dos mais ameaçados.

Pantanal

Como o próprio nome sugere, a principal característica do Pantanal é o fato de ser uma planície alagável – também ela a maior do mundo. Espalha-se por aproximadamente 200 mil km², 70% deles em território brasileiro, na fronteira dos estados do Mato Grosso e do Mato Grosso do Sul com a Bolívia e o Paraguai. Sua biodiversidade é grande, mas não há tantas espécies *endêmicas* (encontradas somente nele) quanto na Floresta Amazônica ou na Mata Atlântica.

O Pantanal é uma espécie de corredor de ligação entre as bacias do Amazonas, ao norte, e do Prata, ao sul. Nele estão presentes espécies de animais de quase toda a América do Sul, que encontram na fértil região um bom território para reprodução. Há grande abundância de aves, por exemplo. O

O Pantanal, maior planície alagável do mundo, é uma região importante para a reprodução e sobrevivência de pássaros, como o tuiuiú.

Caatinga, a "mata branca" do Nordeste, se caracteriza pela presença de vegetais resistentes à seca, como os cactos.

símbolo da região é o pássaro tuiuiú, que chega a medir 2 metros da ponta de uma asa à ponta da outra.

Com terras mais altas a leste e a oeste, além de uma inclinação muito leve no sentido norte-sul, a planície funciona como um enorme reservatório de águas, que escoam lentamente em direção ao sul. Isso faz que ocorram cheias na parte mais ao sul, mesmo quando as chuvas mais fortes (de setembro a janeiro na porção norte, e de novembro a março no sul) já passaram, em agosto, por exemplo.

Caatinga

Esse nome, em tupi-guarani, quer dizer "mata branca" e refere-se ao aspecto dessa vegetação durante a época mais seca, quando caem as folhas e os troncos secos ficam acinzentados. A seca, aliás, é a condição predominante nessa região semiárida do Nordeste. São mais de 800 mil km^2, 10% do território brasileiro, sujeitos a chuvas irregulares e escassas, onde há apenas dois grandes rios perenes (São Francisco e Parnaíba), que não secam em nenhuma fase do ano.

Na verdade, a Caatinga é o nome geral dado a um conjunto de vários ecossistemas presentes na região, todos eles marcados pela secura. Entre os 12 tipos de Caatinga reconhecidos pelos biólogos há até florestas com árvores de 20 metros de altura. Quando chove, essas florestas podem se tornar surpreendentemente verdes.

Apesar da aridez da paisagem, a Caatinga abriga uma considerável biodiversidade, com quase mil espécies de plantas, das quais mais de um terço é endêmica (só existe lá). São em geral arbustos ou árvores baixas, retorcidas, cheias de espinhos, ou então cactos como o mandacaru e o xique-xique. Há também muitas aves (510 espécies), entre elas a famosa ararinha-azul, que já se encontra extinta na natureza (só sobrevivem alguns exemplares em cativeiro).

Outros ecossistemas sob pressão no Brasil

Um tipo de ecossistema importante para a biodiversidade são os *manguezais*. Muito comuns nos mais de 7 mil quilômetros do litoral brasileiro, eles se caracterizam por uma vegetação menos diversificada que a das matas tropicais e adaptada à influência das marés, ou seja, da água salgada do mar (um problema para as plantas, que sobrevivem melhor com água doce).

São áreas muito usadas por espécies animais para reprodução, mas que estão desaparecendo no mundo todo. Uma das principais fontes de pressão sobre os manguezais é a indústria de criação de camarões em cativeiro (chamada de *carcinicultura*).

Também muito preocupante é a situação das *matas de pinhais*. Eram grandes áreas de Mata Atlântica com forte presença de araucárias, árvores que também são conhecidas como pi-

Manguezal no delta do rio Parnaíba (PI), um tipo de ecossistema crucial para a reprodução de várias espécies.

nheiros-do-paraná. É dessas árvores que vêm os pinhões, um alimento muito apreciado nas festas juninas no Sul e no Sudeste do Brasil. Essas matas, que já cobriram mais de um terço de estados como Paraná e Santa Catarina, hoje estão reduzidas a 5% dos 185 mil km² originais, e menos de 1% da área original pode ser considerada de fato intocada pelo homem.

Futuro da biodiversidade no Brasil

A lição que a história do Brasil permite tirar, no que se refere à biodiversidade, não é muito animadora. A maioria das grandes cidades do país se localiza perto da costa, justamente a faixa de terra em que os portugueses encontraram uma vegetação tropical deslumbrante. A Mata Atlântica, que se estendia do litoral nordestino até o do Sul, já desapareceu quase por completo: nada menos que 93% já foram devastados, ao longo de cinco séculos de ocupação da terra.

A devastação está realmente enraizada na vida nacional; basta lembrar que o próprio nome do país foi tomado de uma árvore cobiçada pela tintura vermelha que dela se extraía, o pau-brasil (*Caesalpinia echinata*). Tanto pau-brasil foi cortado que hoje ele está ameaçado de extinção. Até as populações humanas estão em risco, em razão da crescente falta de água, das enchentes e da poluição que rondam as cidades brasileiras.

Apesar disso, países como o Brasil podem dar uma contribuição ainda maior para a saúde do ambiente mundial, preservando as grandes áreas de floresta e outros biomas importantes que já foram destruídos em outras regiões. Entre outros serviços ambientais, a preservação das matas deixa de agravar o efeito estufa. Pense na Floresta Amazônica: a destruição de 20 mil km² de matas por ano lança três vezes mais gases do efeito estufa na atmosfera do que todo o combustível gasto por todos os carros e caminhões do país.

Se esse desmatamento puder ser evitado, ganham todos:
• A biodiversidade, porque as espécies endêmicas nessas áreas deixam de se extinguir.
• O clima mundial, porque menos carbono chegará à atmosfera.
• O clima regional, porque a presença da floresta é um dos principais reguladores da chuva na Amazônia.
• Os brasileiros, porque continuarão usufruindo a maior floresta tropical do planeta, agora e nas próximas gerações.
• O mundo, porque o ecossistema mais rico do planeta terá mais chances de sobreviver à crise ambiental deslanchada pela humanidade.

Não são boas razões para que se evitem na Floresta Amazônica e no pantanal os erros cometidos com a Mata Atlântica e o cerrado? O que falta no Brasil é que mais gente aprenda com essas lições tão simples da nossa história ambiental.

4. Por que o meio ambiente se tornou um *problema*

Área de Floresta Amazônica derrubada e destruída pelo fogo das queimadas.

O cimento e o asfalto transformam cidades como São Paulo em verdadeiras "ilhas de calor".

Como vimos nos dois primeiros capítulos, os seres humanos formam um grupo particular de animais, pois seu modo de vida consome muito mais energia do que aquela contida nos alimentos. Outro modo de descrever a peculiaridade da espécie humana é dizer que ela constrói o seu próprio ambiente, modificando o ambiente natural, de modo que o planeta quase inteiro se torna o seu hábitat. Mas, se essa transformação for muito radical, ela pode ameaçar a manutenção dos componentes bióticos e abióticos dos quais a humanidade continua a depender, como qualquer outra espécie.

Quando falham os ciclos de reprodução de componentes bióticos e abióticos, fala-se em *desequilíbrio ecológico*. Esse desequilíbrio pode assumir as mais variadas formas. Por exemplo, a introdução de uma espécie estranha em determinado ambiente pode desestruturar toda uma comunidade de espécies.

Foi o que aconteceu com a introdução do sapo-cururu brasileiro na Austrália, com o objetivo de combater uma praga de besouros que danificava o cultivo de cana-de-açúcar. Depois se descobriu que o sapo não comia o tal besouro. Como o anfíbio não tinha predador natural, tornou-se ele mesmo uma praga. Isso ficou evidente quando começaram a aparecer outros animais selvagens mortos, como cangurus, que não tinham defesas contra o veneno do sapo.

O desequilíbrio ecológico pode também afetar os componentes abióticos. É o que acontecerá caso a maior parte da Floresta Amazônica seja desmatada: as chuvas diminuirão, a vegetação que sobrar ficará mais seca e sujeita a pegar fogo, os solos serão levados pela enxurrada (erosão) e entupirão os rios (assoreamento).

Nas cidades ocorre a transformação mais radical do ambiente natural realizada pelos seres humanos. Com o terreno coberto por cimento e asfalto, que esquentam mais facilmente que o solo, a temperatura do ar sobe, num efeito chamado *ilha de calor*. O ar que respiramos se torna poluído com os gases lançados pelas chaminés das fábricas e pelos escapamentos dos veículos. Apesar das condições hostis, uma razoável comunidade de espécies consegue sobreviver nesse ambiente artificial, com várias espécies de pássaros, roedores e insetos, por exemplo, além de seres humanos.

Outra modificação importante do ambiente natural ocorre com a agricultura. A vegetação original é retirada, e a terra, revolvida (arada), para receber plantações uniformes, enormes fileiras de plantas de uma só espécie, como cana-de-açúcar ou soja. Isso elimina a fonte de alimentos da comunidade de consumidores que vive ali, como os pássaros que se alimentam de sementes das plantas silvestres. Além disso, a existência de uma grande população de organismos produtores – os vegetais da plantação – pode favorecer algumas poucas espécies de pragas agrícolas, como larvas de insetos e vermes, ou de microrganismos que causam doenças agrícolas, como a ferrugem da soja.

O crescimento populacional ameaça o ambiente?

Embora o desequilíbrio ecológico possa acontecer por causas naturais, como incêndios florestais iniciados por raios, o principal causador de rupturas em comunidades e cadeias alimentares é o ser humano. O crescimento da população humana faz pressão sobre os recursos naturais, como água limpa e florestas, especialmente em razão do aumento contínuo do tamanho e do número das cidades. Embora seja considerada uma ideia óbvia nos dias de hoje, a relação entre crescimento populacional e desequilíbrio ecológico foi prenunciada na passagem do século XVIII para o XIX, há mais de 200 anos. Antes disso, o otimismo dominava.

O autor da novidade foi o economista britânico Thomas Robert Malthus (1766-1834). Sua teoria, apresentada no livro *Um ensaio sobre o princípio da população*, de 1798, defendia que o número de seres humanos costuma aumentar mais rapidamente que a produção de alimentos para sustentá-los. Como a produção de alimentos depende de recursos naturais (componentes bióticos e abióticos) que são finitos, a teoria de Malthus foi a primeira a fazer uma previsão relacionada à crise ambiental que hoje nos preocupa (embora ele mesmo não pensasse ainda em termos de desequilíbrio ecológico).

Nesses dois séculos, a teoria de Malthus não parou de ser discutida. Uns acham que ele estava certo e que algum dia vai faltar comida ou outro recurso essencial para a sobrevivência da espécie humana. Outros dizem que não, que a ciência e a tecnologia sempre conseguiram inventar maneiras de usar melhor os recursos naturais para sustentar a população – por exemplo, aumentando a produtividade da agricultura.

O século XXI não começou com notícias muito animadoras para a saúde do meio ambiente global. A população mundial continua a crescer, ainda que não no ritmo preocupante previsto algumas décadas atrás. Depois dos países mais ricos, a

Extensa área de terras, no estado do Maranhão, ocupada por plantação de soja.

A população da Índia é uma das que mais crescem no mundo; já é de mais de 1 bilhão de pessoas e vai ultrapassar a China.

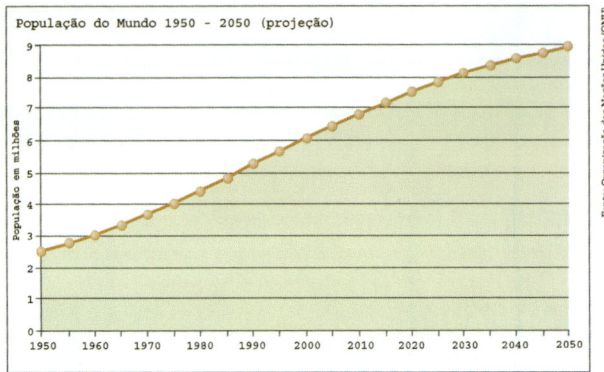

Gráfico projeta população mundial de 9 bilhões de pessoas no ano 2050.

taxa de fecundidade (número de filhos por mulher) está caindo rapidamente em países como o Brasil. A população global dificilmente ultrapassará 9 bilhões de pessoas, antes de começar a declinar, ainda neste século.

Mesmo assim, ninguém sabe ao certo quantos seres humanos e que nível de consumo os sistemas naturais do planeta aguentarão, sem ameaçar o bem-estar das gerações futuras, quer dizer, os componentes bióticos e abióticos disponíveis para nossos netos e bisnetos. Há quem diga que a *capacidade de suporte* da Terra dá para sustentar indefinidamente no máximo metade dos previstos 9 bilhões de pessoas, não muito mais que 4 bilhões (na virada do século XX para o XXI, éramos 6 bilhões).

Será que vale a pena pagar para ver se Thomas Robert Malthus e seus seguidores estavam certos em suas previsões de crise ambiental? Muitos especialistas acham que o risco da aposta é grande. Se não agirmos agora, fazê-lo depois pode ser tarde demais.

Os danos da poluição

Poluição é o nome que se dá ao acúmulo, no ambiente, de substâncias indesejáveis e prejudiciais à saúde dos seres humanos, em primeiro lugar, mas também de animais e plantas. Quando a poluição aumenta demais numa área em que vivem populações humanas, as pessoas começam a ficar doentes.

A *poluição do ar* é o mais evidente dos problemas ambientais para quem vive nas grandes cidades, pois todos temos de respirar o tempo inteiro, mesmo dormindo. A fumaça atinge igualmente ricos e pobres. Do barulho, do trânsito e da criminalidade até se pode sonhar em escapar, protegendo-se atrás de muros e locomovendo-se de helicóptero. Mas é impossível fugir do material particulado – uma poeira quase invisível de tão fina – que aumenta a mortalidade de idosos e de bebês em cidades como São Paulo, nos dias de maior poluição. Um problema típico e exclusivo das grandes cidades, certo?

Errado. Hoje a poluição do ar se tornou um problema também de regiões rurais. No interior do estado de São Paulo, foi preciso proibir o uso do fogo para "limpar" os imensos canaviais, antes da colheita que alimenta as usinas de álcool e açúcar. Era tanta a fumaça produzida que as doenças respiratórias começavam a se agravar até mesmo em cidades médias e pequenas.

Algo semelhante acontece até no interior da Amazônia. O fogo das queimadas empregadas para livrar de insetos as pastagens onde se alimenta o gado, ou mesmo para incendiar a mata derrubada e abrir novos campos para a lavoura, produz tanta fumaça que chega a fechar aeroportos. Sem visão, os pi-

Zonas rurais também enfrentam poluição do ar, produzida, por exemplo, pelo uso do fogo em plantações de cana.

lotos dos aviões simplesmente não conseguem decolar e pousar. E muita gente começa a sofrer de problemas respiratórios, mesmo morando perto da mata.

Como se pode perceber, os problemas ambientais não se limitam às cidades, onde vivem 80% da população brasileira. Esgotos e dejetos industriais produzidos em aglomerações urbanas matam os rios – como o Tietê, em São Paulo – e as baías – como a da Guanabara, no Rio de Janeiro. Riachos do Centro-Oeste e igarapés do Norte são contaminados pelo mercúrio usado no garimpo do ouro e conduzem esse veneno para os mais belos rios amazônicos. Contaminada ou poluída, a água, com a irrigação, vai parar nos nossos copos ou nas frutas e legumes que ingerimos.

Os alimentos consumidos pelos habitantes das cidades são produzidos em terras que já abrigaram florestas. Sem a proteção das matas, a terra nua sofre o ataque contínuo das chuvas e do sol. Isso resulta num solo frágil, que a enxurrada

Aquífero Guarani

Pouca gente sabe, mas boa parte da população do Brasil vive sobre uma espécie de mar de água doce enterrado entre 200 e mil metros de profundidade. Seus 1,2 milhão de km² abarcam quatro países (Brasil, Argentina, Uruguai e Paraguai, os mesmos do Mercosul) e oito estados brasileiros (São Paulo, Minas Gerais, Goiás, Mato Grosso, Mato Grosso do Sul, Paraná, Santa Catarina e Rio Grande do Sul).

Estima-se que 15 milhões de pessoas habitem a área imediatamente acima dessa que é a maior reserva de água doce da América do Sul, com 45 mil km³. É o bastante para fornecer 5 mil m³ por segundo, sem risco de acabar.

A região do imenso reservatório é caracterizada por uma agricultura bastante desenvolvida. Fazendeiros empregam nas suas plantações uma série de adubos e agrotóxicos para aumentar a produtividade. Parte desses produtos químicos escorre para dentro do aquífero com a chuva, contaminando águas que estão armazenadas há milhares, talvez milhões de anos. Se ultrapassarem certos níveis de contaminação, essas águas se tornarão impróprias para o consumo humano.

Para fazer frente a esse problema, os quatro países envolvidos estão trabalhando juntos. Criaram o Projeto Aquífero Guarani, para administrar conjuntamente essa grande reserva natural de água. A ideia é garantir que o recurso permaneça disponível para muitas gerações, ainda, nos quatro países.

MAPA ESQUEMÁTICO DO SISTEMA AQUÍFERO GUARANI

As porções coloridas representam as áreas que, em potencial, compõem o Sistema Aquífero Guarani. Para saber mais, consulte o *site* da Agência Nacional de Águas: www.ana.gov.br.

leva com facilidade para os rios, enchendo-os de sedimentos – um processo chamado de assoreamento, como já vimos, que tem relação direta com a ocorrência de enchentes. A eletricidade que nossos chuveiros, tevês e geladeiras consomem é gerada em hidrelétricas cujos lagos inundam florestas inteiras e obrigam centenas, milhares de pessoas a se mudar para outro lugar.

Quando faltar, quem vai pagar?

Até alcançar um certo nível, que não é fácil de determinar, esses efeitos colaterais da atividade humana são toleráveis. É a mesma coisa com os remédios: o bem que trazem é claramente superior ao dano, na maioria dos casos. A partir de certo ponto, porém, eles produzem mais malefícios do que benefícios. Portanto, a poluição do ar não pode continuar aumen-

O que fazer com o lixo?

A forma mais comum de poluição produzida pelo homem é o lixo. Nas cidades brasileiras, cada habitante produz de meio quilo a um quilo de *resíduos* por dia. Metade disso é composta por resíduos orgânicos, como restos de comida, que precisariam ser levados para apodrecer em algum lugar onde não haja pessoas por perto. Encontrar um local desses, nas grandes cidades ou perto delas, está cada vez mais difícil.

Pense bem: são dezenas de milhares de toneladas de lixo geradas por dia no Brasil, milhões por mês, dezenas de milhões por ano. A outra metade dos resíduos não é orgânica, e pode levar décadas para se decompor (desfazer). A latinha de alumínio de seu refrigerante, se não for reciclada, demora de 200 a 500 anos para sumir.

No Brasil, o mais comum é todo esse lixo ser depositado nos chamados *lixões*, a pior maneira de enfrentar o problema. Dos lixões escorre o *chorume*, um líquido tóxico que contém várias substâncias e microrganismos prejudiciais à saúde. O chorume penetra na terra abaixo do lixão, tornando-a imprestável para uso futuro, e pode alcançar a camada de água profunda, chamada de lençol freático.

tando para sempre, pois em algum momento todas as pessoas acabariam adoecendo e até morrendo.

Da mesma maneira, as indústrias dependem não só da força de trabalho humana, de energia e matérias-primas, mas também de água e ar limpos, direta ou indiretamente. A agricultura, então, depende muito da regularidade do clima – ou seja, de chuva na hora certa – e até da presença de alguns insetos (polinizadores, como abelhas) e da ausência de outros (pragas, como lagartas de borboletas). Quando essas condições começam a faltar, diz-se que a atividade econômica passa a enfrentar *problemas de sustentabilidade*, uma expressão complicada para indicar que ela pode se tornar inviável.

Trabalho, energia e matéria-prima todo mundo sabe quanto custam: é só sair para comprar e descobrir. Chuva e abelhas na hora certa, água e ar limpos não têm preço, isto é, não existe um mercado onde se possa adquiri-los. Como não têm preço fixado, todo mundo tende a abusar e a gastá-los além do necessário – não custam nada para ninguém!

Quando o governo da cidade tem dinheiro para isso, o certo é depositar todo o lixo em *aterros sanitários*. São grandes terrenos preparados especialmente para receber o lixo, com um forro de plástico no fundo, canos para drenar a água da chuva e sistema de tratamento do chorume. Nesses locais, quando a camada de lixo depositado alcança certa altura, ela é coberta com terra.

Pessoas recolhem lixo no aterro sanitário de Carapicuíba, na Grande São Paulo, expondo-se à contaminação.

Vista da "cidade-fantasma" de Prypyat, próxima a Chernobyl, na Ucrânia. Os 45 mil habitantes de Prypyat foram evacuados nos três primeiros dias após a explosão do reator da usina nuclear.

Melhor dizendo, essas dádivas naturais não custam nada só enquanto existem. Quando acabam, aí é a sociedade toda que paga a conta. Na região metropolitana de São Paulo, os municípios vizinhos já disputam a água, cada vez mais escassa e mais poluída, nos mananciais. As obras para tratar e trazer a água até seus habitantes, de áreas muito distantes, vão também ficando cada vez mais caras.

Desastres naturais e poluição além das fronteiras

No dia 26 de abril de 1986, a usina nuclear de Chernobyl, localizada na Ucrânia, sofreu uma explosão. Ela foi tão forte que destruiu a cobertura do reator, que pesava mil toneladas, e espalhou partículas radiativas por toda a Europa. Morreram na hora 31 técnicos da usina. Outras 600 mil pessoas foram expostas a níveis altíssimos de radiação, assim como 8,4 milhões receberam doses menores. Não se sabe ainda o número total de mortes causadas pela radiação nos anos seguintes ao acidente, mas foram milhares.

O fato de a radiação de Chernobyl, uma forma de poluição, ter se espalhado por toda a Europa tornou ainda mais claro algo que alguns países já vinham concluindo: eles tinham de fazer alguma coisa juntos para evitar um desequilíbrio ecológico mais grave no ambiente global, que ameaçasse a grande comunidade de espécies da biosfera. A poluição, afinal, não conhece fronteiras. Ela se espalha em todas as direções, levada pelos ventos e pelas águas. A sujeira produzida num país pode afetar a saúde das pessoas que moram em outro.

É o que acontece, por exemplo, com a *chuva ácida*. As fábricas lançam no ar, em sua fumaça, várias substâncias que se combinam com as gotículas d'água nas nuvens, tornando-as mais ácidas. Quando a chuva cai, essa acidez faz mal para as plantas. Foi assim que a poluição gerada pelas fábricas do Leste europeu, levada pelos ventos, começou a matar as árvores das florestas na Escandinávia, mais ao norte.

Com o crescimento da população mundial, das cidades e da produção industrial, os desastres ambientais e os problemas de *poluição transfronteiras* começaram a ficar mais e mais frequentes. Surgiram os primeiros alertas sobre uma mudança irreversível que poderia ocorrer no clima mundial, sob a influência do aquecimento global. Problemas apareciam até na América do Sul, onde se concentravam as maiores extensões de floresta tropical intocada do mundo, e ninguém se preocupava muito com o ambiente. Daí nasceu um movimento inter-

Manifestantes pedem ação de líderes mundiais para enfrentar problemas ambientais globais, na Conferência Rio+10, em Johannesburgo (África do Sul).

nacional pela manutenção da qualidade de vida da humanidade, para a preservação dos componentes bióticos e abióticos que lhe dão sustento.

O que os países estão fazendo juntos pelo ambiente global

A crescente preocupação de cidadãos de países mais industrializados com a situação do meio ambiente, em especial nos Estados Unidos e na Europa, ao longo dos anos 1960, acabou por levar o assunto até a Organização das Nações Unidas (ONU).

O primeiro grande evento mundial sobre o tema foi a Conferência sobre o Ambiente Humano, realizada pela ONU, em Estocolmo, na Suécia, no ano de 1972. A reunião foi palco de uma grande disputa política entre países ricos (industrializados) e pobres (não industrializados), pois estes temiam que a questão ambiental fosse levantada para impedir ou atrasar o seu próprio desenvolvimento, ou seja, sua industrialização.

Em razão desse conflito entre países ricos e pobres, não houve muitas decisões práticas nesse encontro. Seu mais importante resultado foi a criação do Programa das Nações Unidas para o Meio Ambiente (PNUMA, também conhecido pela sigla, em inglês, UNEP). Foi a primeira organização da ONU a ter sede num país pobre, o Quênia (África), na cidade de Nairóbi.

Do processo iniciado em Estocolmo resultou também a Comissão Mundial de Meio Ambiente e Desenvolvimento, presidida pela primeira-ministra da Noruega, Gro Harlem Brundtland. Esse grupo publicaria, cinco anos depois, um documento, o relatório *Nosso futuro comum*, ou *Relatório Brundtland*. Esse texto entrou para a história da proteção ao meio ambiente como introdutor, no debate internacional, da noção de *desenvolvimento sustentável*.

Esta é a definição que se tornaria famosa: "Desenvolvimento sustentável é o desenvolvimento que satisfaz as necessidades do presente sem comprometer a capacidade de as futuras gerações satisfazerem suas próprias necessidades". Ou seja, nossa atividade econômica e nosso nível de consumo, hoje, não podem impedir que nossos filhos e netos gozem dos mesmos confortos e bens, amanhã. Em outras palavras, ainda, é preciso conter dentro de limites razoáveis o desequilíbrio ecológico que seres humanos sempre provocam, de modo que continuem a coexistir o meio físico e os seres vivos em equilíbrio dinâmico, o que permite a sobrevivência da biosfera e da própria humanidade.

Meio século de discussão internacional

1952 – Concentração de poluentes no ar de Londres causa cerca de 4 mil mortes por problemas respiratórios, chamando a atenção para a questão da qualidade do ambiente.

1953 – Ocorrem centenas de mortes por contaminação com mercúrio na baía de Minamata, no Japão, resultado de poluição industrial.

1963 – A norte-americana Rachel Carson lança o livro pioneiro *Primavera silenciosa*, em que denuncia pesticidas usados na agricultura, a exemplo do DDT, como responsáveis pela morte de insetos e pássaros.

1966 – Países da Escandinávia começam a discutir o problema da chuva ácida (poluentes do ar que se precipitam com a chuva e matam árvores).

1972 – ONU organiza a Conferência sobre o Meio Ambiente Humano, em Estocolmo. Criado o PNUMA (Programa das Nações Unidas para o Meio Ambiente). Especialistas de vários países, reunidos no chamado Clube de Roma, lançam alerta sobre escassez futura de recursos naturais, no relatório *Limites do crescimento*.

1973 – Aprovada a Convenção de Comércio Internacional de Espécies Ameaçadas (CITES, na sigla em inglês).

1979 – Aprovada a Convenção sobre Poluição Transfronteira de Longo Alcance, para enfrentar o problema da chuva ácida.

1982 – Comissão Baleeira Internacional adota moratória (suspensão) da caça comercial de baleias.

1983 – ONU cria a Comissão Mundial de Meio Ambiente e Desenvolvimento, presidida pela primeira-ministra da Noruega, Gro Harlem Brundtland.

5 O que se pode fazer pelo meio ambiente

Como vimos no capítulo anterior, um dos maiores problemas ambientais para seres humanos é o lixo. Esse subproduto da indústria nunca será eliminado, mas pode ser atenuado consideravelmente. São dois os caminhos para atingir esse objetivo: diminuir a produção de lixo e reciclar materiais.

Quanto mais rica é uma população, mais lixo ela produz. Isso acontece porque a quantidade de resíduos que uma família gera está diretamente relacionada com seu nível de consumo, quer dizer, com a quantidade de bens e mercadorias que ela compra. Mais produtos comprados se traduzem em mais embalagens a serem jogadas fora. Se um morador de uma cidade do Brasil, país relativamente pobre, produz em média menos de um quilo de lixo por dia, nos países mais ricos essa quantidade pode chegar a três quilos.

Existem várias maneiras de reduzir o lixo. Uma delas é *reutilizar sacolas e sacos plásticos*, que podem levar até 400 anos

1985 – Cientistas alertam para a destruição da camada de ozônio sobre a Antártica.

1986 – Explosões na usina nuclear Chernobyl, na Ucrânia (então União Soviética), matam 31 pessoas e lançam nuvens radiativas que chegam até a Suécia. Milhares morreriam nos anos seguintes em consequência da radiação.

1987 – Comissão publica o relatório *Nosso Futuro Comum*, também conhecido como *Relatório Brundtland*, com participação do brasileiro Paulo Nogueira Neto. Adotado o Protocolo de Montreal, tratado internacional com metas e prazos para a redução de gases (os CFCs) que destroem a camada de ozônio.

1988 – Grandes queimadas na Amazônia brasileira e o desmatamento de mais de 21 mil km² (superfície igual à do estado de Sergipe) viram manchetes nos jornais do mundo todo. Chico Mendes, líder sindical que combatia o desmatamento, é assassinado por fazendeiros em Xapuri, estado do Acre.

1992 – Realizada no Rio de Janeiro a Conferência das Nações Unidas sobre Meio Ambiente e Desenvolvimento, também conhecida como Cúpula da Terra, Rio-92 ou Eco-92. Na reunião foram adotadas as convenções da ONU sobre mudança climática e sobre biodiversidade.

1997 – A Convenção sobre Mudança Climática ganha metas definidas de redução de gases do efeito estufa com o Protocolo de Kyoto, tratado internacional negociado na cidade de mesmo nome, no Japão.

2002 – Realizada em Johannesburgo (África do Sul) a Cúpula Mundial sobre Desenvolvimento Sustentável, batizada de Rio+10, por acontecer dez anos após a Rio-92.

para se desfazer num depósito de lixo. Eles podem ser substituídos por sacos de papel, que se desfazem em menos de três meses. Melhor ainda é ir ao supermercado ou às compras com uma sacola de pano, que pode ser reutilizada muitas vezes, até rasgar.

Outra medida importante é *diminuir a quantidade de embalagens*. Isso é bem mais difícil, porque depende da indústria, e não tanto das pessoas que adquirem as mercadorias. Você já comprou aqueles biscoitos que vêm em uma espécie de gavetinha de plástico – para não quebrar – dentro de uma caixa de papelão embrulhada em papel celofane? São *três* embalagens para apenas um produto. Em alguns países da Europa, grupos de consumidores começaram a desembrulhar suas compras na porta do supermercado e devolver as embalagens para o comerciante, como forma de protesto.

O mais comum, no entanto, é a *reciclagem de materiais* como alumínio, papel e vidro. Nesse caso, a utilidade é dupla. Em primeiro lugar, a latinha encaminhada para reciclagem deixa de aumentar a quantidade de lixo. Em segundo lugar, gasta-se menos energia reaproveitando esses materiais do que produzindo-os desde a estaca zero. Portanto, o ambiente ganha duas vezes.

Latinhas de alumínio são armazenadas para *reciclagem* (reutilização).

Acabar com o desperdício de água

O princípio geral é um só: *não desperdiçar*. Não desperdiçar materiais, não desperdiçar energia, não desperdiçar água. Todo mundo consegue perceber a vantagem de não desperdiçar água tratada, por exemplo, embora exista uma grande distância entre concordar com uma ideia e colocá-la em prática no dia a dia.

Tanto é assim que muita gente, pelo Brasil afora, continua a "varrer" as calçadas com jatos d'água, ou a lavar o carro com a mangueira aberta o tempo todo, mesmo enquanto esfregam a lataria. No futuro, se faltar água perto das grandes cidades, ela terá de ser trazida de mais longe, e todos vão pagar mais por isso nas suas contas mensais.

Muitas cidades do mundo já enfrentam esse tipo de problema. Em certas épocas do ano, os prefeitos de algumas delas são obrigados a proibir que a água tratada seja usada para regar gramados. Em várias cidades, os postos de lavagem de carros são obrigados a fazer reciclagem, quer dizer, a filtrar a água suja de uma lavagem para usá-la em outras. Cidades como São Paulo também já começam a dar incentivos para que

Destruição de mananciais produz escassez de água na grande São Paulo

A região metropolitana de São Paulo é uma das maiores aglomerações urbanas do mundo, com cerca de 18 milhões de habitantes espalhados em vários municípios. Metade da água que essa população consome vem do chamado Sistema Cantareira, uma bacia hidrográfica (conjunto de rios) cujas nascentes ficam na divisa do estado paulista com o de Minas Gerais.

Em novembro de 2003, seus reservatórios chegaram ao nível mais baixo da história, apenas 1%, deixando mais de 6 milhões de pessoas com as torneiras secas. As chuvas de março de 2004 afastaram o fantasma, mas os níveis registrados em décadas passadas não vão mais voltar. A escassez veio para ficar, porque tem raízes naturais.

Regiões como a da Cantareira são chamadas de mananciais por sua capacidade de reter água. Essa capacidade depende diretamente da presença de cobertura vegetal, que evita a evaporação da umidade do solo. Qualquer um pode perceber isso quando entra numa floresta: ela é prédios residenciais e comerciais armazenem água de chuva para irrigar jardins e lavar pátios, diminuindo assim o consumo de água tratada.

Ninguém duvida de que seja mais inteligente evitar o desperdício de alguma coisa do que pagar ainda mais caro para repô-la. Faz mais sentido, por exemplo, impedir que o esgoto de casas e fábricas vá parar nos rios ou no mar do que gastar bilhões, depois, para descontaminá-los, como acontece hoje com o rio Tietê, em São Paulo, e com a baía da Guanabara, no Rio de Janeiro.

Se tudo isso parece muito racional e óbvio, na prática as coisas são um pouco mais complicadas. Na maior parte dos casos, fazer as coisas certas tem um custo, quer dizer, é preciso fazer algum tipo de *investimento* para pôr as boas ideias em prática. Pesquisar fontes alternativas de energia, por exemplo, custa caro, e ninguém sabe ao certo quando a eletricidade obtida com elas vai poder competir com o preço da energia produzida em hidrelétricas e termelétricas.

Implantar um sistema de coleta seletiva de lixo num município, para tornar a reciclagem eficiente, também exige a construção de instalações e o uso de latões identificados para os

sempre mais fresca e úmida que as terras sem árvores à sua volta. Se a mata é derrubada para dar lugar a casas e loteamentos, a área vai deixando de ser um manancial.

Outros dois sistemas vitais para o abastecimento da região metropolitana de São Paulo são as represas Guarapiranga e Billings. Em apenas sete anos, de 1989 a 1996, a primeira perdeu 15% de sua cobertura vegetal e experimentou um crescimento urbano de 50%. Já as águas da Billings, que é o maior reservatório da região, não podem ser usadas plenamente porque estão poluídas com esgotos domésticos e industriais.

Áreas de mananciais, como essa na represa Billings, na região do ABCD, na Grande São Paulo, já foram inteiramente ocupadas, após destruição da vegetação.

Na Copebrás, em Cubatão (SP) — cidade que já foi considerada uma das mais poluídas do mundo —, rua que armazena enxofre tem nome de ave.

vários tipos de lixo – e isso custa dinheiro. O mesmo se pode dizer de um programa para detectar e desativar ligações clandestinas de esgoto no labirinto de galerias pluviais das grandes cidades, pelas quais deveria correr somente água de chuva.

Como controlar a poluição do ar e das águas

Assim como o lixo e a poluição da água, outro grande problema ambiental das regiões urbanas é a poluição do ar, que também afeta a vida de muitas pessoas. Ela é causada pela emissão de gases e partículas tóxicas por indústrias e veículos, como carros, ônibus e caminhões. Várias cidades do mundo estão buscando formas de diminuir esse tipo de desequilíbrio ecológico – afinal, trata-se da escassez crescente de um fator abiótico importante, o ar puro. A boa notícia é que algumas estão conseguindo.

Uma das primeiras medidas a tomar, nesse caso, é *aumentar a eficiência dos motores* dos veículos. Motores que funcionam melhor, bem regulados, produzem menos substâncias tóxicas, como o monóxido de carbono. Mas a frota de carros da maioria das grandes cidades continua a crescer, e o ganho obtido com a eficiência de cada motor é anulado pelo aumento do número de motores. Aí a solução é diminuir o número de carros em circulação, aumentando a oferta de transportes públicos não poluentes, como trens de metrô e ônibus elétricos, ou impedindo as pessoas de usar seus carros em determinados dias e horários, como já ocorre com o chamado *rodízio* na região central da cidade de São Paulo.

Outra boa ideia é exigir que as indústrias diminuam a emissão de poluentes, instalando filtros nas suas chaminés. Isso foi feito por exemplo na cidade de Cubatão, perto de Santos, no litoral paulista. Com grande concentração de indústrias químicas, Cubatão já foi considerada um dos locais mais poluídos do mundo. Hoje ainda está longe do desejável, mas a qualidade do ar melhorou muito na cidade.

Já controlar a poluição das águas é mais difícil. As duas grandes fontes de problemas são os *rejeitos industriais* e o *esgoto doméstico*. No primeiro caso, o número de unidades poluentes é bem menor, pois existem menos fábricas do que residências. Mas nem sempre é fácil identificar de qual fábrica está sendo lançada no rio ou no esgoto uma determinada substância poluente.

Muitas vezes se trata de *ligações clandestinas*, tubulações escondidas no subsolo que levam os rejeitos de uma indústria diretamente para o rio ou para o mar, quando deveriam antes ser tratados, para eliminar as substâncias perigosas. Mais difícil ainda de encontrar e interromper são as ligações clandestinas de esgoto doméstico, o qual deveria ser canalizado para estações de tratamento.

Nas estações mais modernas, o esgoto tratado pode se transformar em água quase 100% limpa. Mas o Brasil está muito atrasado em matéria de *saneamento básico*. Só 40% de sua população têm acesso à rede de esgotos, e os outros 60% lançam seus dejetos onde conseguem, em geral o riacho mais próximo.

Medidas para o campo e a floresta

Como foi visto nos capítulos anteriores, além das suas cidades e indústrias, seres humanos também modificam profundamente o equilíbrio ecológico dos ecossistemas, praticando a agricultura e a pecuária (criação de gado). Embora o impacto ambiental causado por essas atividades não possa ser evitado, há muitas coisas que podem ser feitas para diminuí-lo.

Um dos maiores problemas é a erosão, resultado da exposição direta do solo a muito sol, chuvas e ventos. Existem várias técnicas para proteger o solo, e uma das mais conhecidas é o chamado *plantio direto*. Nesse caso, em lugar de revolver a terra com grades puxadas por tratores para prepará-la para o plantio, aplica-se primeiro um herbicida, que mata todas as ervas daninhas do campo que vai ser cultivado. Essas plantas mortas formam uma camada de palha que mantém o solo úmido e protegido, mas há quem critique essa técnica de plantio, por envolver o uso de uma substância tóxica (herbicida).

Outro problema, de solução um pouco mais complicada, é o dos produtos químicos (fertilizantes e defensivos) usados na agricultura, alguns tóxicos e poluentes. A agricultura de grande porte tornou-se muito dependente dessas substâncias, mas há vários métodos desenvolvidos pela chamada *agricultura orgânica* que permitem abrir mão delas. Hoje existe até cana-de-açúcar cultivada sem o emprego desses compostos, mas a maioria dos fazendeiros não emprega essas técnicas porque são mais caras, ou simplesmente por falta de conhecimento.

Muita gente defende que se pesquisem formas de combater pragas e doenças da agricultura com meios mais naturais e menos agressivos que os agrotóxicos, porque esses venenos acabam contaminando as águas do subsolo (que alimentam poços artesianos). Uma alternativa é o chamado *controle biológico*, que usa microrganismos e outros inimigos naturais das pragas para combatê-las, mas que também pode desencadear desequilíbrios ecológicos, se a população de organismos introduzidos não for mantida sob controle.

Em muitos locais, o esgoto doméstico é lançado diretamente nos riachos, sem tratamento.

Vista aérea do rio Pinheiros, em São Paulo, onde se vê o esgoto sendo despejado sem qualquer tratamento.

Fábrica de moscas e de vespas

Moscamed Brasil. Se você topar com esse nome pela frente, saiba que se trata de uma empresa criada para produzir exatamente o que o nome sugere: moscas. Mais precisamente, 200 milhões de machos estéreis de moscas-das-frutas por semana, que vão competir na natureza com machos de verdade pelas fêmeas disponíveis. As fêmeas que copularem com os machos estéreis não se reproduzirão na mesma proporção, diminuindo a população de moscas da próxima geração. Saem ganhando os fruticultores, que não terão suas frutas atacadas por essa praga.

A fábrica, projetada para funcionar na Bahia com 200 funcionários, produz também vespas que atacam larvas de moscas. Usar seres vivos para combater pragas agrícolas é uma estratégia que foi chamada, muito apropriadamente, de *controle biológico*.

Por fim, até a extração de madeira das florestas pode ter seu impacto ambiental reduzido, ainda que não completamente eliminado. Uma mata nunca será a mesma depois da passagem de madeireiros, mas essa diferença pode ser atenuada. Para conseguir isso, é preciso seguir as regras do *manejo florestal*.

A ideia é relativamente simples: retirar da mata apenas a quantidade de madeira que ela é capaz de repor sem grandes problemas. No caso de florestas tropicais, como a Amazônica, isso quer dizer que uma área da qual se retiraram as árvores de maior valor comercial só pode ser explorada novamente após 25 ou 30 anos. Até a remoção das árvores derrubadas também pode ter seu impacto reduzido, se as estradas de acesso e os pátios para estocar toras forem bem planejados.

Já existe metodologia desenvolvida para isso e até um selo de certificação para garantir que determinada carga de madeira foi obtida segundo as regras do manejo florestal. O selo é conferido por entidades como o Conselho de Manejo Florestal, uma rede de organizações ambientais mais conhecida pela sigla, em inglês, FSC. Porém, poucos madeireiros seguem essas regras nas florestas tropicais do Brasil. São muitas as razões para que isso aconteça, da falta de fiscalização à indiferença dos compradores, que prestam mais atenção no preço que estão pagando do que na origem da madeira que estão comprando.

Isso já está ligado ao tema do próximo capítulo deste livro, que é também o último. Nele, você vai ver que muito do que se pode fazer pelo ambiente depende de cada um de nós, e não só do governo.

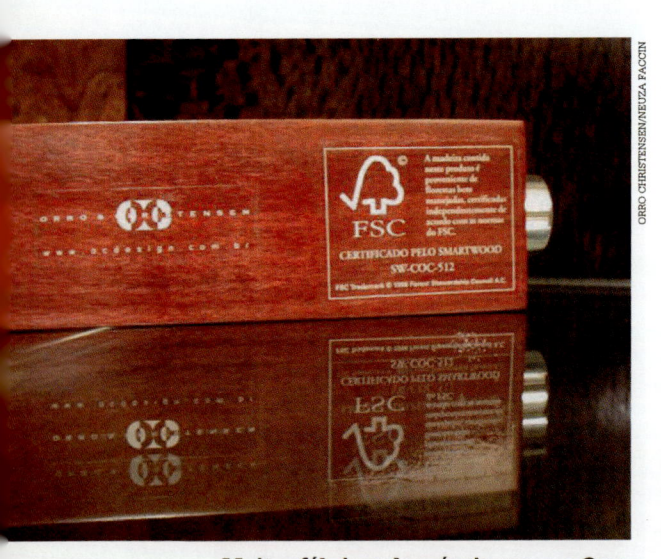

Muitas fábricas de móveis, como a Orro Christensen, comercializam produtos certificados pelo selo FSC, emitido por uma rede de organizações ambientais.

O meio ambiente é responsabilidade de todos

6

Os mais de 6 bilhões de pessoas que habitam hoje o planeta Terra, com seu elevado consumo de energia, água e outros recursos naturais, constituem o principal fator de desequilíbrio ecológico para o meio ambiente global. A biosfera está sob constante pressão. Mas isso não quer dizer que a situação não possa mudar para melhor.

Talvez o maior problema da crise ambiental das últimas décadas seja que cada um de nós ache que, sozinho, não vai fazer diferença. "De que adianta eu separar meu lixo para reciclagem, se ninguém mais fizer isso? Por que eu vou deixar de comer palmito-juçara, uma espécie ameaçada da Mata Atlântica, se todas as outras pessoas continuam a comprar?"

Esse é o grande nó da questão ambiental: convencer cada pessoa de que ela pode, sim, fazer diferença. Pelo menos com respeito a lixo, energia, água, transportes e hábitos de consumo. Veja o que você pode fazer, em cada um dos casos, ou convencer seus pais a fazer:

Lixo – Os educadores ambientais falam sempre na regra dos cinco Rs: *repensar* hábitos e atitudes, *reduzir* geração e descarte, *reutilizar* produtos, *reciclar* materiais e *recusar* produtos que danifiquem o ambiente. O ideal é que cada pessoa pare para pensar sobre como aplicar essas regras em tudo o que faz, e isso já é aplicar a primeira regra.

Comece consumindo produtos que tenham menos embalagens, ou embalagens recicláveis (há símbolos para indicar isso). Assim, estará reduzindo sua geração de lixo. Reutilize indefinidamente garrafas de vidro e sacolas de pano. Mesmo que não haja *coleta seletiva* de lixo em seu bairro, separe materiais recicláveis, como papel, vidro, plástico e alumínio, e leve-os até os contêineres apropriados que existem na maioria das cidades, ou venda-os para catadores. Outra ideia é formar um grupo ou associação e encaminhar propostas sobre coleta seletiva para vereadores ou o prefeito de sua cidade.

O mais importante de tudo é não descartar o lixo de modo a prejudicar o ambiente:

• Não jogue garrafas plásticas em qualquer lugar, porque elas vão parar em riachos e rios, levadas pela água da chuva.

• Não jogue entulho de construção em terrenos vazios; se contratar alguém para levar o entulho da reforma ou construção, peça garantias de que o material será encaminhado para um depósito, e não jogado em qualquer lugar.

Símbolos que indicam a reciclagem de embalagens de produtos industriais. A partir do alto, à esquerda, em sentido horário; alumínio, papel, vidro, plástico e metal (centro).

Fazer percursos pequenos de bicicleta é uma maneira de contribuir para diminuir congestionamentos e poluição do ar.

• Aparelhos elétricos e eletrônicos (geladeiras, TVs, computadores) contêm substâncias muito tóxicas, por isso não devem ser misturados com o lixo comum; em caso de dúvida, ligue para a prefeitura de sua cidade e peça orientação.

• Pilhas elétricas também são muito problemáticas; o certo é separá-las para devolver ao comerciante que as vendeu ou levar até postos especiais de coleta.

Energia – A palavra de ordem aqui é economia, algo que vai fazer bem não só para o seu bolso como para o país e o ambiente, pois quase todas as formas de geração de energia têm algum tipo de impacto. Escolha bem as lâmpadas para cada local de sua casa, evitando aquelas de potência maior do que o necessário. Lâmpadas frias consomem menos energia que as incandescentes e estão ficando mais baratas (em alguns casos, a diferença de preço é recuperada em questão de semanas). Na hora da compra, você pode escolher aparelhos eletrodomésticos com base em seu consumo de energia (há etiquetas informando isso na porta das geladeiras novas, por exemplo). Tomar banhos mais curtos também economiza muita energia elétrica.

Água – A regra do banho curto também pode gerar muita economia de água, um dos recursos naturais mais em risco nas grandes cidades. Se uma pessoa encurta seu banho de 10 para 5 minutos, desligando o chuveiro enquanto se ensaboa, ela pode economizar 80 litros de água por banho. No final de um ano, terá poupado quase 30 mil litros. Parar de lavar o quintal, a calçada e o carro com a torneira aberta é outra boa ideia, assim como procurar vazamentos pela casa, de tempos em tempos, e consertá-los. Se for construir uma casa ou reformar seu banheiro, escolha um vaso sanitário com caixa de descarga acoplada, de baixa capacidade, como a de seis litros. Ela funciona tão bem quanto as outras.

Transportes – Se você tiver a opção de ir à escola e a outros lugares a pé, de bicicleta ou transporte coletivo, faça isso. Se for de carro, peça carona ou dê carona a alguém. Quanto mais pessoas cada carro transportar, menos carros haverá nas ruas e, assim, menos poluição no ar.

Consumo – É na hora de comprar que as pessoas têm o maior poder de pressão. Ao escolher um produto reciclável, você estará "punindo" aqueles fabricantes que não se preocupam com essas coisas (eles vão vender menos mercadorias e ter menor lucro). Embora ainda seja raro no Brasil, já existem selos "verdes" (ecologicamente corretos) para produtos, como a madeira. Procure informar-se sobre isso; pergunte nas lojas; insista.

Se você não se mexer, os outros também não o farão. Alguém tem de começar!

Suplemento de Atividades

de olho na **ciência**

Nome _____
_____
Nº _____ Ano _____
Escola _____
_____

Marcelo Leite
Meio ambiente e sociedade

A educação ambiental é uma preocupação brasileira e mundial. É necessário assegurar a preservação do planeta para as futuras gerações por meio do desenvolvimento sustentável. Vamos agora desenvolver e aprofundar um pouco mais nossos conhecimentos sobre meio ambiente?

De olho na ficção

1 Os moradores do Jardim Cachoeira são contra o loteamento Mirante do Mar. Por quê?
_____
_____
_____
_____
_____
_____

2 Como Mônica e Carlinhos ajudam o doutor Abílio a pensar sobre as consequências do loteamento de seu terreno?
_____
_____

b) Que informações sobre a comunidade de seres vivos das piscinas do costão são necessárias para conhecermos as cadeias alimentares do local?

De olho na Ecologia e nas transformações de energia

4 Quando queimamos madeira, carvão ou petróleo, há produção de energia, na forma de calor. Toda essa energia tem uma origem comum. Qual é ela? Explique.

3 "Em trechos do litoral no nordeste brasileiro, formam-se piscinas naturais no costão rochoso, durante a maré baixa. Em cada piscina, fixados às paredes de rocha, encontram-se corais, esponjas-do-mar e algumas espécies de ouriço-do-mar. Cardumes de pequenos peixes de duas ou três espécies nadam nas águas das 'piscinas', que nada mais são do que buracos profundos na rocha do costão, encobertos durante a maré alta."

a) A partir do texto, identifique as populações e a comunidade de seres vivos presentes nas piscinas do costão. Quais são os componentes abióticos nesse ambiente? Podemos identificar as espécies de seres vivos?

De olho na importância dos ecossistemas e nos problemas ambientais

5 O rio Acre é o principal rio no estado do Acre, na Amazônia brasileira. Ele tem apresentado problemas de seca, impedindo a navegação que tradicionalmente nele se fazia, e trazendo escassez de água para abastecimento da capital acriana.

a) Que tipo de interferência humana faz com que um rio "seque", isto é, fique raso?

b) Para conhecer informações específicas sobre o rio Acre e verificar a resposta anterior você pode acessar a internet. Que palavras-chave deverá usar?

6 Qual é o bioma original do lugar onde você vive? Ele já foi muito modificado ou está bem preservado?

De olho nos problemas ambientais e na responsabilidade de todos

7 A poluição do ar ocorre apenas nas cidades? Justifique.

8 Você sabe qual é o destino do lixo de sua localidade? Pesquise na internet, com parentes e amigos ou na prefeitura de sua cidade. Comente o resultado de sua pesquisa: seu lixo tem o melhor destino?

9 "Desenvolvimento sustentável é o desenvolvimento que satisfaz as necessidades do presente sem comprometer a capacidade das futuras gerações satisfazerem as próprias necessidades."

Qual é o significado dessa definição para a sociedade como um todo? E para os cidadãos?

Projeto científico

Meio ambiente é notícia

Jornais, revistas, televisão e rádio sempre dão notícias sobre o meio ambiente. É assim que pessoas do mundo inteiro ficam sabendo de desastres ecológicos, como grandes derramamentos de petróleo, desmatamentos em larga escala ou a descoberta de lixo tóxico enterrado ilegalmente. Também são divulgadas notícias positivas, como propostas para a solução dos problemas ambientais.

Que tal fazer um jornal da classe sobre o tema? Pode ser um jornal impresso ou um cartaz grande, para divulgação na escola ou noutro espaço da comunidade. Também pode ir para o *site* da escola na internet ou ser gravado em vídeo. Nesses casos, é recomendável uma versão escrita, porque mesmo os jornais falados ou filmados possuem um texto-base ou um roteiro.

Antes de preparar seu jornal, conheça artigos já publicados.

Primeira etapa: individual

Colete dois artigos diferentes na internet, em revistas e jornais. Escreva uma resenha, dizendo qual é o tema dos artigos e comentando se trata de uma novidade ou algo que você já sabia, se o texto é simples ou difícil, se expressa ou não alguma opinião, se é interessante ou não.

Segunda etapa: em grupo

Em classe, apresentem os artigos e seus comentários para os colegas. Em seguida, é hora de classificar os temas abordados. Verifiquem se os artigos escolhidos falam sobre:

a) problemas ambientais ou propostas de desenvolvimento sustentável;

b) assuntos de interesse local, regional ou global.

Depois, cada grupo levanta uma proposta de tema para seu jornal, que será apresentado para a classe. Baseiem-se nos artigos lidos e nos assuntos abordados no livro *Meio ambiente e sociedade*.

A segunda tarefa, nesta etapa, é observar o estilo do texto jornalístico: como ele convida à leitura, como apresenta as informações, como a ilustração ajuda a compreender o tema, e se o jornalista emitiu sua opinião ou trouxe a de um especialista. Escolha o artigo mais interessante.

Terceira etapa: em grupo

Os grupos apresentam os artigos mais interessantes, com o objetivo de verificar quais características do texto despertaram o interesse do leitor. Depois, os grupos apresentam suas propostas de tema para pesquisa. Com ajuda do professor, decidem a pauta do jornal: o assunto central e os secundários. É interessante que pelo menos um deles aborde uma questão ambiental local. Pode-se optar por trabalhar um assunto geral, dividido em subtemas.

Quarta etapa: em grupo

É o momento da produção dos textos pelos grupos. Conforme o assunto escolhido, podem-se fazer pesquisas de campo, entrevistas com cidadãos, especialistas ou pessoas ligadas a ONGs, estudos no livro-texto, na internet ou noutras fontes. Os componentes do grupo preparam o texto e as ilustrações correspondentes. Não se esqueçam de escolher um nome para o jornal.

continuação da pág. 8

Chega a manhã de quarta-feira. Mônica e Carlinhos ainda estão sobre a pedra, abraçados por causa do frio. Carlinhos, que não chegou a adormecer por completo, está com o braço em volta de Mônica, que descansa a cabeça em seu ombro. Quando a garota começa a acordar, ele se separa dela, sentindo-se de novo constrangido, como no dia em que a encontrou na cachoeira.

A chuva passou, e eles descem da pedra salvadora. Sem falar nada, voltam para a picada e para casa. Quando chegam, há um carro de polícia em frente à casa de dona Márcia. Os dois ficam assustados, mas descobrem que são policiais chamados por Abílio e Mário justamente para procurá-los.

A avó de Carlinhos passa bem, depois de ter sido medicada por Abílio. Zeca e Mirinho, que inicialmente esperaram a chuva passar no barracão e depois acabaram desistindo, tinham voltado logo após a saída de Mônica e Carlinhos. A luz havia retornado pouco depois. Mário dá uma bronca daquelas em Carlinhos:

– Você tem o quê na cabeça, menino? Onde já se viu sair no meio da noite e da chuva com uma garota? Vai ficar um mês sem cachoeira e bicicleta, para deixar de ser besta.

– Calma, Mário, o menino está assustado e com frio, não dá pra ver? – intervém Cecília, mãe de Carlinhos. – Vem cá, meu filho, vamos tomar um leite quente, senão é capaz de você pegar uma pneumonia.

Abílio, por sua vez, nada diz. Só abraça Mônica e começa a chorar. Todos ficam um pouco comovidos e sem jeito com a cena: um médico já meio envelhecido apertando a neta, entre soluços.

★★★

Quando os policiais vão embora, Cecília oferece café da manhã para todos.

Depois do café, Abílio, já refeito, diz que há muitos anos não ia ao Jardim Cachoeira, e que costumava passear a cavalo por ali quando era menino. Diz também que se lembrava de dona Márcia como a menina mais bonita da região.

Bem no alto do morro onde houve o deslizamento estão os fundos da sua chácara, onde agora ele quer fazer o loteamento Mirante do Mar.

– Eu nunca pensei que esse barranco pudesse cair – diz o médico.

O clima entre ele e Mário parece estar melhor, após a noite comum de vigília e preocupação, durante a qual não se falara do loteamento. Os meninos contam do rugido que ouviram, e Mário pede que eles imitem o som. Carlinhos faz "runf, runf", e o pai explica que eles provavelmente ouviram um inofensivo porco do mato, e não uma onça. Todos caem na risada. Mônica, percebendo a oportunidade da descontração, toma a iniciativa de tocar no assunto do loteamento:

– Fiquei mais assustada com o deslizamento de terra do que com a "onça" do Carlinhos – diz a garota, naturalmente omitindo que chorou de medo.

Mônica pede então ao avô que vá à reunião e ouça os argumentos contra a obra do loteamento Mirante do Mar. Pede também a Mário e Cecília que emprestem uma cópia do estudo sobre a encosta e façam o possível para que o avô não seja hostilizado na reunião do dia seguinte. Os pais do amigo concordam, e Cecília promete entregar o trabalho ainda antes do almoço:

– O senhor vai ver que nossa intenção nunca foi prejudicá-lo, apenas preservar uma terra que todos nós adoramos.

Abílio se despede, dizendo a Mário que aceita ir à reunião para discutir com os vizinhos. Mas sugere que ela seja adiada, para que se convide um representante do Departamento Estadual de Proteção de Recursos Naturais.

– O Paulo Correia, do DPRN, é uma pessoa razoável e pode servir de árbitro, caso surjam divergências graves entre nós. É obrigação dele garantir que o loteamento seja feito de forma segura e de acordo com as leis ambientais – diz o médico. – Eu tenho certeza de que meu projeto cumpre todas as regras; porém, se o cumprimento da legislação não der garantia de segurança absoluta, não sou eu quem vai pôr a vida de ninguém em risco – completa Abílio. E logo se arrepende do que diz a seguir:

– Também quero provar a vocês que nunca faria nada que prejudicasse a terra que está com minha família desde que meu bisavô se encantou com este lugar e adotou o nosso Cachoeira como sobrenome.

– Vô, aproveitando o assunto, por que ele mudou de nome? – pergunta Mônica, que não poderia deixar passar uma chance dessas.

Abílio começa a rir, e fica vermelho. Todos estão esperando; ele não tem saída. É obrigado a revelar o segredo da família:

— Olha, a lenda que ouvi de meu avô diz que o pai dele se chamava Antenor Branco Leitão e odiava o próprio nome, vocês podem imaginar por quê. Um dia, passando com a tropa de burros por Ibiapinha, parou para dar água aos animais e viu uma moça linda, chamada Maria, lavando roupa. Apresentou-se como Antenor Cachoeira, o primeiro sobrenome que lhe veio à cabeça. Acabou casando com ela, a minha bisavó, e nunca mais saiu daqui. Cheguei a desconfiar de que meu avô inventou essa história meio ridícula, porque ele sempre ria quando eu pedia mais detalhes, mas ficava quieto.

Mônica quase cai para trás ao ouvir esse pedaço da história, inteiramente nova para ela. Acha-a linda, mas nada diz. Prefere retomar o caso do loteamento:

— O senhor promete que vai levar a sério o estudo da ONG do Mário, a Serra do Mar Viva?

— Prometo, Mônica. Eu já andava mesmo pensando em encomendar um projeto para criar um acampamento ecológico, caso o loteamento não possa ser feito — revela o doutor Abílio, para surpresa de todos.

— Cobrando uma pequena taxa de escolas particulares interessadas em educação ambiental, acho que dá para complementar minha renda de aposentado. Das escolas públicas eu não cobraria nada. A senhora me ajudaria com essa ideia, dona Cecília?

A professora de biologia não pensou duas vezes:

— Claro, doutor Abílio. Ecologia é a nossa praia.

★★★

Uma hora e meia depois, Mônica e Carlinhos estavam de volta à cachoeira da Ibiapinha. A garota tinha ido com o avô para a chácara e trocado de roupa, vestindo o mesmo biquíni rosa. Chegara antes do amigo e já estava na água quando ele apontou pela picada, ainda mancando um pouco.

— Vem pra água, Carlinhos! Está uma delícia.

Carlinhos caiu na piscina natural como estava, de bermuda e camiseta. Sorria, feliz. Os dois entraram juntos debaixo do jato da Ibiapinha, de mãos dadas.

Trrrruu-trrrruu-trrrruu. Trrrruu-trrrruu-trrrruu.

— Pedregulhos líquidos de gelo gentil! — gritou Mônica, de puro contentamento.

— Você falou alguma coisa? — gritou de volta Carlinhos. — Não consigo ouvir direito com esse barulhão da água — completou, já fora da queda-d'água.

— Nada, não. Só bobeira de Cachoeira.